墨子

救世的苦行者

周富美 编著

江苏凤凰文艺出版社

图书在版编目（CIP）数据

墨子：救世的苦行者 / 周富美编著. -- 南京：江苏凤凰文艺出版社，2024.3
ISBN 978-7-5594-8136-8

Ⅰ.①墨… Ⅱ.①周… Ⅲ.①《墨子》Ⅳ.①B224

中国国家版本馆CIP数据核字(2023)第243185号

著作权合同登记号：10-2023-166

版权所有 @ 时报文化出版公司
本书版权经由时报文化出版公司授权北京时代华语国际传媒股份有限公司简体中文版，委托英商安德鲁纳伯格联合国际有限公司代理授权。非经书面同意，不得以任何形式任意重制、转载。

墨子：救世的苦行者

周富美 编著

责任编辑	张 倩
图书策划	宁炳辉 刘 平
特约编辑	王慧敏
装帧设计	棱角视觉
出版发行	江苏凤凰文艺出版社
	南京市中央路165号，邮编：210009
网 址	http://www.jswenyi.com
印 刷	北京中科印刷有限公司
开 本	880毫米×1230毫米 1/32
印 张	8.5
字 数	190千字
版 次	2024年3月第1版
印 次	2024年3月第1次印刷
书 号	ISBN 978-7-5594-8136-8
定 价	58.00元

江苏凤凰文艺版图书凡印刷、装订错误，可向出版社调换，联系电话025-83280257

总序
用经典滋养灵魂

龚鹏程

每个民族都有它自己的经典。经,指其所载之内容足以作为后世的纲维;典,谓其可为典范。因此它常被视为一切知识、价值观、世界观的依据或来源。早期只典守在神巫和大僚手上,后来则成为该民族累世传习、讽诵不辍的基本典籍,或称核心典籍,甚至是"圣书"。

文化总体上的经典是六经:《诗》《书》《礼》《乐》《易》《春秋》。依此而发展出来的各个学门或学派,另有其专业上的经典,如墨家有其《墨经》。老子后学也将其书视为经,战国时便开始有人替它作传、作解。兵家则有其《武经七书》。算家亦有《周髀算经》等所谓《算经十书》。流衍所及,竟至喝酒有《酒经》,饮茶有《茶经》,下棋有《弈经》,相鹤相马相牛亦皆有经。此类支流稗末,固然不能与六经相比肩,但它们代表了在各自那一个领域中的核心知识地位,是很显然的。

我国历代教育和社会文化,就是以六经为基础来发展的。直到清末废科举、立学堂以后才产生剧变。但当时新设的学堂虽仿洋制,却仍保留了读经课程,以示根本未隳。辛亥革命后,蔡元培担任教育总长才开始废除读经。接着,他主持北京大学时出现的新文化运动更进一步发起对传统文化的攻击。趋势竟由废弃文言,提倡白话文学，一直走到深入的反传统中去。

台湾的教育发展和社会文化意识，其实也一直以延续五四精神自居，以自由、民主、科学为号召。故其反传统气氛及其体现于教育结构中者，与大陆不过程度略异而已，仅是社会中还遗存着若干传统社会的礼俗及观念罢了。后来，台湾才惕然警醒，开始提倡"文化复兴运动"，在学校课程中增加了经典的内容。但不叫读经，乃是摘选"四书"为《中国文化基本教材》，以为补充。另成立"文化复兴委员会"，开始做经典的白话注释，向社会推广。

文化复兴运动之功过，诚乎难言，此处也不必细说，总之是虽调整了西化的方向及反传统的势能，但对社会民众的文化意识，还没能起到普遍警醒的作用；了解传统、阅读经典，也还没成为风气或行动。

二十世纪七十年代后期，高信疆、柯元馨夫妇接掌了当时台湾第一大报《中国时报》的副刊与出版社编务，针对这个现象，遂策划了《中国历代经典宝库》这一大套书。精选影响人们最为深远的典籍，包括了六经及诸子、文艺各领域的经典，遍邀名家为之疏解，并附录原文以供参照，一时社会震动，风气丕变。

其所以震动社会，原因一是典籍选得精切。不蔓不枝，能体现传统文化的基本匡廓。二是体例确实。经典篇幅广狭不一、深浅悬隔，如《资治通鉴》那么庞大，《尚书》那么深奥，它们跟小说戏曲是截然不同的。如何在一套书里，用类似的体例来处理，很可以看出编辑人的功力。三是作者群涵盖了几乎全台湾的学术精英，群策群力，全面动员。这也是过去所没有的。四是编审严格。大部丛书，作者庞杂，集稿统稿就十分重要，否则便会出现良莠不齐之现象。这套书虽广征名家撰作，但在审定正讹、统一文字风格方面，确乎花了极大气力。再加上撰稿人都把这套书当成是写给自己子弟看的传家宝，写得特别矜慎，成绩当然非其他的书所能比。五是当时高信疆夫妇利用报社传播之便，将出版与报纸媒体做了最好、最彻底的结合，使得这套书成了家喻户晓、众所翘盼的文化甘霖，人人都想一沾法雨。六是当时出版采用豪华的小牛皮烫金装帧，精美大方，辅以雕花木柜。虽所费不赀，却是经济刚刚腾飞时一个中产家庭最好的文化陈设，书香家庭的想象，由此开始落实。许多家庭乃因买进这套书，仿佛种下了诗礼传家的根。

高先生综理编务，辅佐实际的是周安托兄。两君都是诗人，且侠情肝胆照人。中华文化复起、国魂再振、民气方舒，则是他们的理想，因此编这套书，似乎就是一场织梦之旅，号称传承经典，实则意拟宏开未来。

我很幸运，也曾参与到这一场歌唱青春的行列中，去贡献微末。先是与林明峪共同参与黄庆萱老师改写《西游记》的工作，继而再协助安托统稿，推敲是非，斟酌文辞。对整套书说不上有什么助益，自己倒是收获良多。

书成之后，好评如潮，数十年来一再改版翻印，直到现在。经典常读常新，当时对经典的现代解读目前也仍未过时，依旧在散光发热，滋养民族新一代的灵魂。只不过光阴毕竟可畏，安托与信疆俱已逝去，来不及看到他们播下的种子继续发芽生长了。

当年参与这套书的人很多，我仅是其中一员小将。聊述战场，回思天宝，所见不过如此，其实说不清楚它的实况。但这个小侧写，或许有助于今日阅读这套书的读者理解该书的价值与出版经纬，是为序。

致读者书

周富美

亲爱的朋友们:

诸位听过"孔席墨突"这句话吧。这话出自西汉《淮南子·修务》篇,原文作:"孔子无黔突,墨子无暖席。"后来东汉班固作一篇赋,名《答宾戏》,赋中应用这两句话来称赞孔子和墨子,说:"圣喆(哲)之治,栖栖皇皇。孔席不得暵(暖),墨突(烟囱)不得黔(黑色)。"把《淮南子》的话倒过来说了,于是"孔席墨突"便常被文人在诗文中引用。孔子和墨子二人,栖栖惶惶,奔走天下以济世救民,有时候甚至席子还没有坐暖,烟囱还没有熏黑,便又忙着赶到别处。后人便以这句话赞扬这两位伟大哲人的热心济世和奉献自己的精神。

相信诸位对于至圣先师孔子的思想言行都已耳熟能详,但对于曾与孔子齐名的墨子,却不一定都熟悉。虽然墨子对于后世的影响不如孔子深远,但他的学说在中华文化中有不可抹杀的价值,所以我愿意帮助各位朋友,对墨子以及他的学说,作一点概略的认识。

墨子是鲁国人。他生于孔子之后、孟子之前,是战国初期一位主张言行合一的哲学家、科学家和热心救世的实干家。他倡导"兼爱""非攻""尚贤""尚同""节用""节葬""非乐""天志""明鬼""非命"等十种主张,徒属遍于天下。他的学说在战国时代盛行了二百多年,与儒学并称"显学"。

在先秦诸子中,没有一个能像墨子那样站在民众的立场发言,并且那样热心谋求民众的幸福,那样注重实践的效果的。他的宗旨在于"求兴天下之利,除天下之害"。他一生为求天下和平、百姓公利而努力。他的主张对于当时社会的弊害都能对症下药。

可惜,墨学骤盛于战国,却骤衰于秦汉。其有些主张因为和儒家不同,战国之时,便遭受孟子的驳难;到了汉武帝时,他采纳了董仲舒的意见,独尊儒术,罢黜百家,墨学便被排斥于正统学术之外。两千多年来,学者很少有研究墨子的。幸而,清朝中叶,乾嘉以后,学者渐受西方求真精神的影响,能够突破传统,对于墨学,重作整理,给予客观公允的评价,掀起为墨子辩证、为墨书作校注的热潮。民国时期,研究墨学的人更是蜂起笋出,又在孙中山先生及先贤张溥泉先生,以及大学者梁启超、胡适之等先贤的推崇、鼓吹、阐扬下,墨学自阴霾中大放光明。

墨子虽然是两千多年前的人了,但他的若干主张不仅适用于战国时期,也适用于现代。他的兼爱、非攻、尚贤、非命、节用、俭约以及积极的实践精神,不仅与现代生活不相违背,而且还有启迪的作用。

诸位都知道,春秋战国时代,在政治社会各方面都有着极大的变动。春秋末年,封建制度开始崩坏,社会上的阶级有了紊乱的现象。到了战国,铁器的发明,促使农业的进步、工商业的抬头、贵族势力渐渐式微。这时候，一切政治的、社会的、经济的制度都起了根本的变化。在这大变动当中，一些才智之士对于当时的情势有种种的看法，种种的主张。他们都想收拾那动乱的局面，让它稳定下来，因此百家争鸣，竞相鼓吹自己的学说，为实现自己的理想而努力，于是成为在我国学术思想史上最灿烂的时期，对后世也产生了巨大的影响。现在我们要恢复中华文化，不能不从春秋战国诸子百家的思想入手，而探讨诸子学说，必须捐弃成见，客观公允地去看，这才是追求真知识的态度。

我以浅近的笔触，改写《墨子》一书，尽量保存《墨子》原书的精神，反映墨子思想的重点。有时更辅以故事的形态，希望诸位能从浅显处了解墨子的为人，接触墨子哲学。如果能借此使读者朋友们认识墨子，并引起探讨先秦诸子的学说的兴趣，则我在忙碌的教读生涯中，奉献出这一部分的时间和心力也就有了回报了。

目录

前言 /01

第一章 一个苦行者的形象 /001
第一节 行义的精神 /003
第二节 坚毅的性格 /013
第三节 言行合一 /020
第四节 义行实录 /028

第二章 与儒者的论战 /057

第三章 对孔子的批判 /087

第四章 墨子十论 /105
第一节 兼爱 /107
第二节 非攻 /130

目录

第三节　尚贤/150

第四节　尚同/164

第五节　节用/179

第六节　节葬/189

第七节　非乐/200

第八节　天志/210

第九节　明鬼/221

第十节　非命/236

第十一节　结语/247

前　言

墨子，姓墨名翟，鲁国人；生于公元前五世纪中叶，殁于公元前四世纪前叶，约在孔子之后、孟子之前，年寿大概八九十岁；是战国初期的一位大思想家。

战国时代是我国历史上有名的乱世。当时周王朝威权坠地，政治机能丧失。许多周王所封的诸侯都各自割据，争强斗胜，使施行了四五百年之久的封建制度濒临崩溃。贵族阶级逐渐没落，新的地主、工商业者代之而起。诸侯们为了攫取新领土，彼此争斗激烈。为了权力地位，各国君臣乃至父子之间，互相残杀的事也经常发生。墨子看到的是这么一个崩裂、纷争、动乱的世界，所以他劳心苦思，摩顶放踵，提出了兼爱、非攻、尚贤、尚同诸主张，想要拯救当时的社会。

墨子最初师事史角[①]的后人，据说也修习过孔子的学问。[②] 当时的鲁国保存了周的古文物，孔子更将它们整理编纂，并且广收弟子而教育之。墨子是鲁国人，在那种风气濡染之下而学习《诗》

---

① 周桓王的史官，仪礼的专家。
② 《淮南子·要略》篇："墨子学儒者之业，受孔子之术，以为其礼烦扰而不说，厚葬靡财而贫民，〔久〕服丧生而害事，故背周道而用夏政。"

《书》，受到儒家的影响，应该是很自然的事。

孔子生于春秋之世，提倡礼治主义，想借伦理道德来拯救当时已逐渐混乱的社会。但是到了墨子时代，这种理想已经形式化，在墨子的心目中，当时的儒家只不过是一群重视婚丧礼乐的贵族的寄生虫。以学术的领袖、传统文化的继承人自居的儒家的堕落，是墨子所不能漠视的事，他虽然受到儒家的深刻影响，但是也极不满于儒家的形式主义以及颓丧态度。譬如儒家提倡礼乐以及厚葬久丧，做的都是一些表面功夫，不仅劳民伤财，也失去了慎终追远①的真正意义。又如儒家的怀疑鬼神、重视命运等思想，前者不免与厚葬久丧的道理相抵触，后者又抹杀了人类本身的创造精神以及奋斗意识，使一个人变成了一台僵化的机器，没有理想，无所敬畏。社会上如果充满了这样的人，这个社会又怎能健全得起来？于是墨子提出了非乐、非命、节用、节葬、天志、明鬼等学说来反对儒家。我们推想他的本意，实在是想将当时的紊乱社会带上积极的、进取的、光明活泼的前途。

墨子出身平民，很可能是个手工业者。他是先秦时代思想家中罕见的技术人才，他精于制造各种机械，发挥它们的和平用途。他曾巧妙地制造了可以载重致远的车辖，改善了交通工具。

这样一位多才多能、满心怀着救世热忱的圣者，劳神苦形，东奔西走，鼓吹和平，宣扬他的救世的学说。一天又一天，一月复一月，一年更一年，宋国、齐国、卫国、楚国，到处布满了他的足迹。他真是一位名副其实的实干家！

墨子最看不起那些光说不练的人，也最厌恶那些言不顾行、

---

① 《论语·学而》篇："曾子曰：慎终追远，民德归厚矣。"

行不顾言的伪君子，所以他要"言行合一"；他仰慕治水的夏禹，很能发挥夏禹的刻苦精神。他生活节俭，甘于粗衣恶食，为救世拯民而奉献自己，富有宗教家的热忱。他反对战争，但又不忍见弱肉强食的场面，因此他将弟子们组成一支维护和平的十字军，参与各种济弱锄强的行动。在先秦各种学派的领袖中，再也找不到一位像墨子这样有实践苦干精神的。

墨子与孔子尽管理想不同，做法不同，但他们为求世界和平所做的努力是相同的。他们的精神同样博得后世学者的赞扬。因而，墨子与孔子齐名并称并不是没有原因的。

由于墨子的精神的感召，许多志士豪杰投到他门下，因此由平民崛起的墨子徒属遍布天下。在战国时代，只有墨家弟子的势力可以与历史悠久的儒家相抗衡。[①] 墨子对教育的热忱，不亚于孔子，墨学是"有教无类""因材施教""诲人不倦"的。他们下分"谈辩""说书""从事"三科，其中"从事"一科恐怕是最热门的，这一科的弟子个个都接受严格的军事训练，且个个都怀抱救世济民的热忱。《淮南子·泰族训》篇说：

> 墨子服役者百八十人，皆可使赴火蹈刃，死不旋踵，化之所致也。

"死"是人生最难的事，然而墨家弟子却能为追求理想而"赴火蹈刃，死不旋踵"，视死如饴，这种牺牲小我的壮烈精神，便

[①] 《吕氏春秋·当染》篇："孔墨之后学，显荣于天下者众也，不可胜数。"又云："孔墨皆死久矣，从属弥众，弟子弥丰，充满天下。"

是受墨子崇高的人格与伟大的精神感召所致。

在战国中叶,孟子反对墨家最为激烈,因为他将墨子"兼爱说"当作破坏宗法社会秩序的危险思想看待,是以有"兼爱无父,是禽兽也"的严厉苛刻的批评①。虽然如此,但孟子对于墨子的救世精神是无法抹杀的,他仍然不得不称赞:"墨子兼爱,摩顶放踵利天下为之。"(见《孟子·尽心上》)游戏人间的庄子,虽然对于墨子勤劳俭约的自苦生活不赞同,但也不得不钦佩他行义的伟大精神,赞扬墨子说:

> 墨子真天下之好也,将求之不得也,虽枯槁不舍也,才士也夫!

意思是说:"墨子真是天下最好的人,这种人实在不可多得,他纵使弄得形容枯槁,也不放弃自己的主张,他可说是真正救世济民的人啊!"这不是对一个人最崇高、最美好的赞誉吗?所以,无论赞成他的,或不赞成他的,对于他为救世救人而奋斗不懈的精神都是佩服的。

大凡一种伟大的思想,必然有着它存在的历史因素和意义,因此也有它对历史文化的必然影响。墨学骤兴于战国,骤衰于秦汉,秦汉以来虽然趋于冷落湮没,然而却变为一股暗流,对于我国文化影响至巨。近人方授楚先生说:

---

① 《孟子·滕文公下》篇:"圣王不作,诸侯放恣,处士横议,杨朱、墨翟之言盈天下。天下之言,不归杨,则归墨。杨氏为我,是无君也;墨氏兼爱,是无父也。无父无君,是禽兽也。……杨墨之道不息,孔子之道不著,是邪说诬民,充塞仁义也。仁义充塞,则率兽食人,人将相食。……能言距杨墨者,圣人之徒也。"

> 墨学非真能亡也。其直接影响而发为行动者，有许行及任侠一派。而其尚同、重功利，见取于法家；节用、平等见取于道家；儒家受其影响则尤深。（《墨学源流》上卷第九章《墨学衰微》）

墨家的仁义、尚贤、兼爱、非攻等观念都渗入儒家思想中。在百家争鸣激荡的环境中，大家只有互相学习以了解他人，才能壮大自己，因此思想在不知不觉间便熔于一炉了。

孙中山先生曾呼吁国人恢复固有文化，主张儒墨兼用，他特别强调我们要：

> 依据儒家的精神，吸取墨家的精华、实践科学的精神。

并说：

> 仁爱也是中国的好道德，古时最讲"爱"字的莫过于墨子。墨子所讲的兼爱，与耶稣所讲的博爱是一样的。

的确，墨子的主张不但适用于两千多年前的战国时代，也适用于二十一世纪的今日。他的兼爱、非攻、尚贤、非命、节用以及科学实践的精神，都适合我国国情。《墨子》一书中，墨经墨辩的论说，尤为我国最早的论理学[①]与科学理论，这些都早于西洋的科学和逻辑学。梁启超先生说：

---

① 一称名学或辩学，又称逻辑，乃是以思想为研究对象的科学。

这部名著，是出现在亚里士多德以前一百多年，陈那以前九百多年，培根、穆勒以前两千多年。它的内容价值大小，诸君把那四位的书拿来比较便知，我一个字也用不着批评了。只可惜我们做子孙的没出息，把祖宗遗下的无价之宝埋在地窖里两千年，今日我们在世界文化民族中，算是最缺乏论理精神、缺乏科学精神的民族，我们还有面目见祖宗吗？如何才能够一雪此耻，诸君努力啊！（《墨子学案》第七章《墨家之论理学及其他科学》）

两千年来，儒者因门户之见不肯研究墨学，实在是我中华文化的一大损失，难怪梁先生要如此痛心和惋惜了！诸位读者想必也会有同样的惋叹吧！

现在所传《墨子》一书，是墨子弟子及墨家后学，记述墨子的思想言行，以及缀辑墨家学术思想而成，堪称一部奇书[①]。《汉书·艺文志》上本列有七十一篇，但传到现在已佚失了十八篇，只剩下五十三篇。这五十三篇，依内容、性质可分为六部分。

○ 第一部　杂论

《亲士》第一，《修身》第二，《所染》第三，《法仪》第四，《七患》第五，《辞过》第六，《三辩》第七。

这七篇都是后世墨者所撰写，不是成于一人或一时的作品。前三篇还掺杂着儒、道、法诸家思想；后四篇则是根据墨子学说

---

① 胡适《中国哲学史大纲》第八篇《别墨》第三章《论辩》中谓"墨辩六篇乃是中国古代第一奇书"。

所发挥，文字简洁，记墨学概要，提纲挈领。

○ 第二部 十论

《尚贤上》第八，《尚贤中》第九，《尚贤下》第十，《尚同上》第十一，《尚同中》第十二，《尚同下》第十三，《兼爱上》第十四，《兼爱中》第十五，《兼爱下》第十六，《非攻上》第十七，《非攻中》第十八，《非攻下》第十九，《节用上》第二十，《节用中》第二十一，《节用下》第二十二(亡)，《节葬上》第二十三(亡)，《节葬中》第二十四(亡)，《节葬下》第二十五，《天志上》第二十六，《天志中》第二十七，《天志下》第二十八，《明鬼上》第二十九(亡)，《明鬼中》第三十(亡)，《明鬼下》第三十一，《非乐上》第三十二，《非乐中》第三十三(亡)，《非乐下》第三十四(亡)，《非命上》第三十五，《非命中》第三十六，《非命下》第三十七。

这十论本有三十篇，每一论均有上、中、下三篇，但现在已佚失了七篇，仅存二十三篇。这是墨子教诲弟子游说各国执政者的主要学说，由他的弟子们记录整理而成，是书中最重要的部分。

○ 第三部 非儒

《非儒上》第三十八(亡)、《非儒下》第三十九。

《非儒》上下两篇，现在只存下篇，全篇都是对孔子及儒者的攻击的话语，甚至有捏造事实来毁骂孔子的，是墨家后学所伪托。

○ 第四部 墨经墨辩

《经上》第四十，《经下》第四十一，《经说上》第四十二，《经说下》第四十三,《大取》第四十四,《小取》第四十五。

这六篇内容性质与其他篇都不同,包括算学、形学、光学、力学、心理学、人生哲学、政治学、经济学、论理学等,是后期墨家的作品。

○ 第五部　墨语

《耕柱》第四十六,《贵义》第四十七,《公孟》第四十八,《鲁问》第四十九,《公输》第五十。

这五篇是墨家弟子所记墨子的言论与行事,大多是墨子应答门下弟子以及当时人士的一些话,和儒家的《论语》性质一样,可以称为"墨语",亦可称"墨子言行录"。

○ 第六部　备守

□□第五十一(篇目已亡,无可考,下同),《备城门》第五十二,《备高临》第五十三,□□第五十四(亡),□□第五十五(亡),《备梯》第五十六,□□第五十七(亡),《备水》第五十八,□□第五十九(亡),□□第六十(亡),《备突》第六十一,《备穴》第六十二,《备蛾傅》第六十三,□□第六十四(亡),□□第六十五(亡),□□第六十六(亡),□□第六十七(亡),《迎敌祠》第六十八,《旗帜》第六十九,《号令》第七十,《杂守》第七十一。

"备守"二十一篇,现在只留下十一篇,是墨家后学所辑,其内容都是守城备敌的方法,与哲学思想没什么关系。

墨子的文章朴拙平实,说理清楚,且善于设譬。他所举的例子,虽然没有庄子那样怪谲有趣,然而却切实易晓。从文字中,我们很容易看出墨子质朴、坚毅、实事求是的性格,并且在字里行间,更可看出墨子对世人热爱的胸怀。

在思想、言谈之外,墨子的人格最是感人。现改写这本《墨子》,便以介绍墨子人格及思想为主,大多取材于第五部、第三部及第二部。篇目的次序也重新作了一番编排,但尽量保留原著的精神及语气,文字尽量改写为适合大众阅读的白话文。希望朋友们,能在较轻松的园地里窥探墨子精奥的思想,认识墨子济世的怀抱。

第一章 一个苦行者的形象

第一章　一个苦行者的形象

第一节　行义的精神

我们研究墨子，不但要研究他的学说，还要了解他的人格和行为，这样才能认识他学说的真相。墨子的伟大，不仅在他的学说，还在他的人格。要不是墨子那种刻苦、坚毅、积极、笃实、热烈的性格的感召，墨学不会在战国时代兴起得那么快，而且那样盛行。

墨子的基本精神在"救世"。梁启超说墨子是个小基督，墨子的确具有意图拯救世人的精神。

墨子说，"万事莫贵于义"《贵义》篇，在他看来，天下事没有比行义更重要的了。他周游鲁、宋、楚、卫、齐列国，并不是为了找寻做官的机会，而是为了"行义"。《贵义》篇说：

"义"是最重要的。譬如，有人对你说：

"我将帽子和鞋子给你，你将你的手和脚给我，怎么样？"

我想没有人会答应的。虽然多么地想要那帽子和鞋子，却不能用手脚去交换它。

或又有人说：

"我将天下给你，你将你的性命给我，怎么样？"

我想也没有人会答应。虽然多么地想要天下，却不值得用性命去交换它。但是，却有人肯为一个字而舍弃自己的性命；这一个字，就是"义"。他为了保全他的义，情愿舍弃他的性命。

墨子：救世的苦行者

所以"义"是最重要的。[1]

"义"是什么？

墨子说：

> 义者，正也。（《天志下》篇）
> 义，利也。（《经上》篇）

"义"包含了"正"与"利"两个意思。这里的"利"是指社会全人类的"公利"而言，而不是指个人的利，或一阶层的利。换句话说：凡有"正当"而且"有利"于全体人类的事情，便叫作"义"。"义"可以说是墨家哲学的最高理想。

如何"行义"呢？"义"的范围很广，墨子的两个学生治徒娱和县子硕曾经问过墨子，他们说：

> "如果我们要行'义'，做哪一桩事是最要紧的呢？"

墨子回答说：

> "每桩事情都重要，譬如筑墙一样。能够建筑的建筑，能够运土的运土，能够测量的测量，这样墙才可以筑成功。我们要行义也是如此，能谈论辩说的就谈论辩说，能够解说经书的就解说经书，能够实际工作的就实际工作。能做哪桩事的就去做哪桩事，这样也就是行'义'了。"（《耕柱》篇）

---

[1] 直接改写原典之处，以仿宋字体表示。下同。

第一章　一个苦行者的形象

社会是个群众的集合，社会上的事情千头万绪；要各部门健全，才有健全的社会；各部门的价值，对于社会来说都是一样的。就好比人的身体一样，由许多器官所组成，而各器官有各器官的功能。如果任何一个器官失去了功能，人的身体便不健全了。社会上的事，要大家分工合作，群策群力，才能健全进步。因此，墨子汲汲施教，不但自己尽其所能去行义，也希望社会上每个人都能尽自己的能力行义。

墨子讲求"实用"，因不使学识与社会脱节，所以他门下设"谈辩""说书""从事"三科因材而施教，为社会培养各方面的有用人才。

对于墨子行义的精神，有人相信他，有人钦佩他，但也有人以为他多事。如：

>墨子从鲁国到齐国，遇见一个老朋友。那个老朋友对墨子说：
>
>"现在天下人都不肯行义，而你却偏要苦苦地去做，你还是停止吧！"
>
>墨子说：
>
>"假如这里有一个人，他有十个儿子，只有一个儿子肯耕田，其余的九个儿子都坐享现成，不肯做事，那么这个耕田的就不能不更加努力去耕田了。为什么呢？因为吃的人多，耕田的人少。现在天下既然没人肯行义，你就应当劝勉我更加努力才是，怎么反倒拦阻我呢？"（《贵义》篇）

只有墨子才肯如此自我牺牲，去完成大我。

又有人批评墨子，以为他太注重宣传：

> 一个有名的儒家学者叫公孟子的，对墨子说：
> "倘若果真做善事的话，谁会不知道呢？何必自己宣传呢？譬如一个能力高强的巫医，虽深居不出，人家仍去求他，送米做酬劳，所以他总有吃不完的米。又如一个美貌的女子，虽深居不出，然而人家仍争着去向她求婚。如果自我宣传，自己去求配偶，人家反而不要她了。现在你到处向人宣传你的主义，不是吃力不讨好吗？"
> 墨子说：
> "你错了，现在是个乱世，人们没有正常的是非标准。现在求美女的人很多，美女虽然不出来，却有很多人去追求她；但是求善的人太少，假如不勉力去劝说，人们就不会知道了。
> "现在假定这里有两个人，都善于卜卦起课，一个出外替人卜卦，另一个待在家里不出去；我问你，这两个比较起来，哪一个生意好呢？"
> 公孟子说：
> "出去给人卜卦的生意好。"
> 墨子说：
> "行义和这相同，出去向人家劝说，所收的功效也较大；所以，我为什么不出去劝人相信我的主义呢？"（《公孟》篇）

墨子认为他的主义可以救世，不管别人如何批评他多事，他总是要向人宣传，他认为：

第一章 一个苦行者的形象

> 有能力的要尽量去帮助别人，有钱财的尽量去资助别人，有好道术的要尽量去教诲别人。（《尚贤下》篇）

这样互相帮助，才能缔造和谐安定的社会。

甚至有人认为墨子有"狂疾"，墨子还是不放弃他的行义：

> 一个名叫巫马子的儒者对墨子说：
> "你行义，别人不见得会佩服你，鬼神也不见得会降福给你，你还要去做，真是有狂疾！"
> 墨子说：
> "现在假定你有两个仆人，一个看见你时就做事，不见你时就不做事；另一个看见你时也做事，不见你时也做事。这两个人，你喜欢哪一个呢？"
> 巫马子说：
> "我当然喜欢那个看见我时做事，不见我时也做事的。"
> 墨子说：
> "那么，你也是喜欢有狂疾的了！"（《耕柱》篇）

可见墨子行义，并不是要人钦佩，也不是要向鬼神求福；他孜孜不倦地苦干，对社会能贡献多少便贡献多少，从没想到社会对他的回报。

墨子认为世俗所珍贵的宝物，却不能利民，只有"义"才是利民的：

墨子：救世的苦行者

墨子说：

"和氏的玉璧①、隋侯的宝珠②和三棘六翼的宝鼎③，这都是诸侯所说的宝物。这些东西可以使国家富足吗？可以令人丁旺盛、刑政治理、社会安定吗？

"不可以！我们之所以珍贵宝物，是因为它们有利于人；然而，和氏的玉璧、隋侯的宝珠、三棘六翼的宝鼎，对人并没有实际的用处，所以它们不是天下最可贵的宝物。

"现在，如果用'义'去治理国家，国家必定可以富足，人民必定可以增多，刑政必定可以治理，社会必定可以安定。既然宝物的可贵是因为它们有利于人，而"义"却实在有利于人，所以说：'义'才是天下最可贵的宝物了。"（《耕柱》篇）

由此足见墨子的珍视"义"了。

---

① 和氏之璧：春秋时期，楚国有一个姓和的人，在楚山中得到了一块玉石，他认为很宝贵，于是献给楚厉王。厉王叫玉石专家鉴定，专家说只不过是一块石头，并不值钱。厉王认为受了和氏的骗，于是砍断他的左腿。厉王死后，武王即位。和氏又献这块玉石给武王。武王叫人鉴定，又说是石头。武王又以和氏骗他而又砍断他的右脚。楚武王死后，文王即位，和氏抱着玉石在楚山下大哭，哭了三天三夜，眼睛里眼泪都哭干了，而流出血来。楚文王听到了这事儿，叫人去问："天下被砍断脚的人很多，你为什么独独哭得这么悲伤呢？"和氏说："我不是为自己被砍断脚而哭，我是悲伤宝玉被看作石头，就好像贞士被冤枉为骗子一样。这是我所悲哀的。"文王于是叫玉匠治理这块玉石，发现它纯白，而夜里发光，果然是一块难得的宝玉，于是命名为"和氏之璧"。（见《韩非子·和氏》篇）

② 隋侯之珠：据说有一天隋国的国君出游到野外，在路上看见一条被砍断的大蛇，隋国国君叫御医替这条蛇接好了骨。后来大蛇嘴巴衔了一颗大珠来报答，那便是明月之珠，世人叫它"隋侯之珠"。（见《淮南子·览冥训注》）

③ 三棘六翼：三棘是三只空心脚，六翼是六只耳环。夏禹统一天下后，命诸国贡献金属，而铸成九个三只空心脚、六只耳环的鼎，代表所统治的九州。这九鼎，在夏桀无道时，传给殷王室；经六百年，纣王无道，又移到周室。有德的天子，才能拥有这九鼎。（见《史记·楚世家》）

第一章 一个苦行者的形象

当时人实在太不重视行义,而且还时常毁谤行义的人,这不能不叫墨子慨叹!

墨子说:

"世俗的君子,看待一个义士,还不如一个背米的人。现在假使这儿有一个背着米的人,放下他的米在路旁休息,当他要再拿起来时,力量不够了。这时有人看见,不论老少贵贱,都会帮他拿起来。这是为什么?因为这叫'行义'啊!然而,现在真从事行义的君子,若以先王之道去同他们说,他们非但不高兴做,并且还要加以毁谤、加以攻击。可见世俗的君子看待'义士',还不如一个背米的人哩!"(《贵义》篇)

墨子认为行义是不必选择时间地点的,更不必分别事情的大小,只要有利于人的,都可去做。帮着背米的人拿起米来,虽然是小事,但也是有利于人的。倒是对于行先王之道以救世的义士,是不应该加以毁谤攻击的,理应对于义士更加支持协助才对。

"行义"的工作是寂寞的,墨子为了要结合更多的人,形成更大的力量,为社会做点有益的事情,他从不计较个人的毁誉得失。

一个兼学儒墨两家学术、叫作告子的学生,常在背后批评墨子。弟子们听了很愤慨,跑来和墨子说:

"告子这个人可恶极了,他说老师口里说义,行为却不好,请老师开除他!"

墨子说:

"不可以!他虽然诋毁我的行事,但还是称赞我的主张,

这总比没有他这个人好些。"（《公孟》篇）

在行义的路程上，能多一个人便多一份力量；所以，墨子苦口婆心地向人宣传他的主义，总是希望多吸收一些同志，即使是毁谤他的人，他也不排斥。因为行义，绝不是一个人的力量可以做好的。像鲁国人吴虑那种作为，墨子是不赞同的：

鲁国乡下有一个叫吴虑的，他冬天制陶器，夏天耕田，过着自给自足的生活，他将自己比作舜。

墨子听到了有这么一个人，便去见他，并述说自己"行义"的主张。

吴虑却对墨子说：

"义啊！义啊！这何须你说呢？"

墨子问他：

"你所说的义，是指有能力的人去替别人服务，有货物的人分给别人吗？"

吴虑说：

"是的。"

墨子说：

"为了不使天下人受饥饿，我曾经想去耕田。但是，我所能做的只是一个农夫的工作。一个农夫耕田所收的粟米，分给天下的人时，每人还分不到一升米。即使每人能分得一升米，也不能令天下饥饿的人饱足。

"为了要使天下人都有衣服穿，我曾想去纺织。但是，我能做的只抵得过一个妇人的工作。一个妇人纺织所成的衣

第一章 一个苦行者的形象

服,分给天下人时,每人还分不到一尺布。即使每人能分到一尺布,也不能令天下贫寒的人温暖。

"为了救助诸侯的患难,我曾想披着坚固的铠甲,拿着锐利的兵器,去帮助他们作战。但是,我的力量不过只抵得一名兵士。一个兵士虽努力作战,也不能抵御三军。这也是很明显的事。

"这样看来,那些作为收效不大,不如诵习先王的道术,研究先王的学说,了解圣人的言辞意旨,去游说居上位的王侯贵族,去晓谕广大的百姓平民,那样做,效果要大得多。

"王侯贵族如能实行我的主张,国家的秩序一定可以整顿;社会大众如能实行我的主张,各人的品德就可以提高。

"所以,我以为虽不去耕田纺织,然而功劳远超过耕田纺织。"

吴虑还是不能了解墨子的意思,他说:

"行义重在实行,似乎用不着像你那样到处去游说。"

墨子最善于比方,也真有诲人不倦的精神。于是他用了一个譬喻,问吴虑:

"现在假定天下人都不知道耕田,那么请问:教人耕田的与不教人耕田的,以及独自去耕田的,这三种人,谁的功劳最大呢?"

吴虑说:

"教人耕田的功劳最大。"

墨子又问:

"那么,现在假定要去攻打不义之国,这时,击鼓令众人进攻的,与不击鼓令人进攻的,以及独自作战的,这三种人,谁的功劳最大呢?"

吴虑说:

"击鼓指挥众人进攻的功劳最大。"

墨子说:

"义也是一样。因为天下的人懂得'义'的很少,所以教他们行义功效比较大,为什么不向人家游说呢?我到各处去演说,而能使更多人懂得'义'的话,那么,我行义不是更有成果吗?"(《鲁问》篇)

这是墨子决定走"行义"之路的一段心路历程,这条路是艰辛的,但是,对于人类却是极有帮助的。为了救助人类,墨子作了完全的奉献;他"强聒不舍"地到处演说,想以他微薄的力量,唤起大众的共鸣,携手大家迈向幸福和平的境地。

第一章　一个苦行者的形象

第二节　坚毅的性格

一种学说的倡行，创始人必须具有坚毅的性格和坚定的信心，否则将经不起反对者的非难和攻击。墨家学说之所以能在战国时代盛行，拥有那么多的信徒，和墨子坚毅的性格、坚定的信心有着很密切的关系。像他的大弟子禽滑釐，最初受业于大儒子夏，后来因感佩墨子的精神，改投墨子门下，成为奉行墨家精神最笃实的弟子。

墨子为了行义，排除一切的享受，甚至要求弟子们以理智克制人性中脆弱的喜怒哀乐爱恶之情，而全心全意从事于行义。

> 墨子告诫弟子们说：
> "必须去掉喜、怒、哀、乐、爱、恶六种一偏的情感[①]。静默时就深思如何行义，说话时就劝导人行义，行动时就做有益于人类的工作。如果照着这三方面努力去做，必定可以成为圣人。
> "除去喜、怒、哀、乐、爱、恶的感情，而用仁义令手、足、口、鼻、耳全心全意从事于义，必然可成为圣人。"（《贵义》篇）

[①] 原文作"六辟"，指喜、怒、哀、乐、爱、恶六种情感。辟同"僻"，是偏的意思。人心本不偏，但流于情就偏，所以墨子称六情为"六僻"。

墨子：救世的苦行者

去掉一偏的情感、令手、足、口、鼻、耳从事于义，很有些像孔子所说的"非礼勿视，非礼勿听，非礼勿言，非礼勿动"的意思。然而由孔子嘴里说出来显得亲切，由墨子说出来却显得严厉，这是性格使然。

墨子是一板一眼、实事求是的人，做事有原则，有法仪，并要有利于公众的事才去做，对公众无利益的便不做。而且认定了原则，不论有多少困难，他也不轻易改变。墨子时常叮咛弟子们：

> 你们若无法将"义"行得通时，也不可将"义"放弃，就好比木匠制木器不成功时，也不将他的绳墨丢掉。（《贵义》篇）

墨子也很欣赏能够坚守原则的弟子：

> 墨子叫弟子管黔敖推荐另一成绩优异的弟子高石子到卫国去做官，卫君因墨子的缘故而重用高石子，给他极优厚的俸禄，地位也极高，以他为卿①。于是高石子兢兢业业地做，上朝必定尽量尽忠进言，但是他说的话卫君都不采用，于是他毅然离开卫国到齐国去见墨子。
>
> 高石子见着墨子说道："卫君因为夫子的缘故，给我极优厚的俸禄，让我做卿相。我为了感激他，所以上朝时尽自己所知道的陈说。但是卫君一句话都不采用，所以我就离开了。卫君恐怕会以我为狂吧！"

---

① 卿，是当时的高阶层，在大夫之上。古代以卿、大夫、士为等级。

第一章 一个苦行者的形象

墨子说:"只要离开得合理,虽受狂名,又有什么关系呢?古时候,管叔怀疑他兄弟周公有篡位的野心,而周公觉得冤枉了他,不是也辞掉三公的职位,避居到东方的商奄,以表明自己的清白吗?当时人都说他狂,但是后世的人都称颂他的德行,直到如今仍旧如此。而且我曾听说过:行义并不是为了要避免毁谤,也不是求人家赞美。如果你的辞职合理,虽受癫狂之名,又有何伤呢?"

高石子说:"我离开卫国,哪里敢不依正道?从前夫子曾经说过:'天下无道时,仁义之士不应做高官,享优厚的俸禄。'现在卫君无道,而我却贪图他的高爵厚禄,那我不是存心白吃他的粮食吗?"

墨子听了很高兴,就把大弟子禽滑釐叫来,告诉他道:"你听着!背弃正义,而追求爵禄的,我是常听见的;但是背弃爵禄,而去追求正义的,我还只见过高石子哩!"(《耕柱》篇)

高石子"背禄而向义"的作为,实在令墨子感到欣慰,他的调教总算没有白费。他教育学生是德行、言谈、道术三者并重的,高石子可说是墨门的典范。

墨子对于学生因材而施教,督促相当严格。有一次墨子对一个好学生叫耕柱子的发脾气,耕柱子很伤心,他自己认为已经做得很好了,不知道老师为什么还要苛求他。于是他忍不住问老师,说:

"我难道就没有一点胜过旁人的地方吗?"

墨子：救世的苦行者

墨子说："假使我要上太行山①，用一匹千里马和一头牛来驾车子，你预备用鞭子赶哪一头呢？"

耕柱子说：

"我要去赶那匹千里马。"

墨子说：

"为什么要去赶千里马呢？"

耕柱子说：

"因为千里马可以负得起责任。"

墨子说：

"我也认为你负得起责任。"（《耕柱》篇）

这故事不是挺有意思吗？这就是"爱之深，责之切"，"玉不琢，不成器"，愈是资质好的学生，愈值得鞭策、磨炼。在这种严厉的督促下，墨子确实造就了不少好弟子，像禽滑釐、耕柱子、高石子、公尚过等都是。

禽滑釐离开儒门，投到墨子门下后，三年刻苦自砺，在泰山下学守御之法，辛苦极了，手脚都磨出了厚皮，面目晒得黧黑，一点都不肯放松自己。这样子刻苦，连墨子都看不过去，于是拿了酒菜去慰劳他，坐在茅草地上，叫他喝酒吃肉。但是，在这该轻松片刻的时候，禽滑釐还诚惶诚恐地向墨子请教守御之道（《备梯》篇）。这种热心向道的精神，比起儒门大弟子颜回来，恐怕有过之而无不及；也只有在孔子、墨子两位大师的教诲下，才会出这样的弟子。

---

① 太行山在河南怀庆城北，是很高的山。

第一章 一个苦行者的形象

又像耕柱子,他的刻苦节俭连他同门学弟都不谅解。事情是这样的:

墨子推介耕柱子出仕于楚国,有几位同门经过他那儿,接受了他的招待。普通人每天要吃五升米才够饱,耕柱子却只供给他们每人三升米,使他们饭都吃不饱。

学弟们很不满意,回来向墨子抱怨,说:

"耕柱子在楚国做官,对本门没什么好处;弟子们去他那儿,只供给三升米做饭,招待得极其简薄。"

墨子答道:

"事情没有弄清楚,不可仓促之间预下断语!"

墨子对耕柱子颇具信心,他相信耕柱子不会背弃本门。果然过了不久,耕柱子带回黄金十镒[①]敬奉墨子,说:

"弟子死罪[②]!长久未向老师问安。这里有黄金十镒,请您留着用。"

墨子对弟子们说:

"果然不能预下断语吧!" (《耕柱》篇)

墨子为帮助弱小国家抵御强国的侵略,训练弟子们守御之法,组织一支随时可以支援的军队。训练和作战都需要开支,经济来源恐怕部分就是由那些学成出去做事的弟子拿回薪俸来供应。所以耕柱子平时尽量节省,尽可能地把钱奉献本门。

[①] 古代以一镒为一金,一镒就是二十四两。
[②] 死罪,是客气的套语。

墨子：救世的苦行者

当然，墨家弟子并不是个个都这么杰出，也有意志薄弱，受不了严格的训练而离开的。即使日后请求重返师门，墨子对这种人并不欢迎。如《耕柱》篇所说：

> 弟子中有背弃墨子而又回头的，墨子不高兴。弟子说：
> "我难道有罪过吗？我只不过比别人回来得晚一点罢了。"
> 墨子说：
> "这也和三军战败后，落伍的人回来还要求赏，自以为和殿军的功劳一样大。"

如果知过能改，那也罢了。这个弟子还要为自己的变节狡辩，墨子当然是不能原谅他的。墨子希望弟子们也像他自己一样，有着坚定的意志，本着救世的理想而奋斗，他不希望弟子们三心二意，那样的话，便什么都学不成。《公孟》篇曾经记载：

> 有些弟子本来是学读书的，后来请求改学射箭。
> 墨子说：
> "不可以！聪明人做事，一定要先估量自己的力量，做得到的才做。才能出众的国士尚且不能同时顾及打仗和扶人，何况你们并非国士，怎么能够既学书，又习射，而想两样都学成功呢？"（《公孟》篇）

孟子批评墨子说："墨子兼爱，摩顶放踵利天下为之"（《孟子·尽心上》篇），可以说是一语中的。他说墨子是位能兼爱天下之人，只要对天下有利的事情，即使他自头顶到脚底都磨损了，也一定会

第一章　一个苦行者的形象

去做的。这种批评,实同称颂。

墨子有如此热烈的救世精神,是他坚毅的性格和崇高的理想所使然。由于他的教导与感召,他的一些高足,如禽滑釐、高石子、耕柱子也都能如此。但是,他们这种"日夜不休,以自苦为极"[①]的生活,毕竟不是每个人都受得了的。所以庄子说:

> "墨翟、禽滑釐的心意是很好的,他们的做法却太过分了;它违反了人的通性,自苦太过,很少人能够忍受。"

(《庄子·天下》篇)

战国以后,墨学衰微,恐怕这是一大原因。

[①]《庄子·天下》篇形容墨家的话。

第三节　言行合一

言行一致，是墨子平日所反复叮咛的，他不但"坐而言"，更重"起而行"，是彻头彻尾的一位实行主义者。他说：

> 话要能实行的，才值得去说。否则，就是空口说白话，徒费口舌了。<small>（《耕柱》篇、《贵义》篇）</small>

上文说过的那位兼学儒墨两家学术，名叫告子的学生，有一天对墨子自夸说：

> "我有治国手段。"

墨子说：

> "治国的事，一定要能说能行，那才真懂得'治'的意义。现在只听你满口炫夸，却不见实行，言行不一。你连自身都不能治理，又怎能治理国家？你不要再提治国的事，先想办法治理本身。"<small>（《公孟》篇）</small>

墨子是最看不惯这种说而不行的人的。

墨子的学说，最受批评的是"兼爱"。世人反对兼爱，只说是：

> "善而不可用。"

第一章　一个苦行者的形象

墨子说：

"如果真不可用，我也会反对它，但哪有好的东西不能用的呢？"（《兼爱下》篇）

兼爱的难以实行，并不在理论本身，而是在于人心：世人不愿吃自己兼爱的苦，却情愿享别人兼爱的福。世人尽管反对兼爱，但遇到利害关头的时候，便要去选择能够兼爱的朋友和他共事。其实，世人如能祛除自私自利的心，视人如己，兼爱并不难行。

墨子也是一位"知行合一"的人，他认为如果知而不行，便连知都算不上了。墨子说：

假定这里有一个盲人，他说道：
"石灰是白的，煤烟是黑的。"
即使是明眼人也不会说他不对。
但是，将颜色白的石灰和颜色黑的煤烟混合在一起，再叫他去分辨，他就无法分辨出来了。
所以说："盲人不知道黑白。"
这不是说盲人不知道颜色的名称，而是说他无法作实际的辨别。

盲人只会解说名称，而不会作实际的辨识，这也等于"不知"。同样的道理，墨子又说：

当今天下的君子谈说仁义，纵使是夏禹、商汤等圣王也不过如此。但是，若将合乎仁义的事与不合乎仁义的事混杂在一起，令天下的君子去辨认，就无法将它分别了。

所以我说"天下的君子不知道'仁'是什么"，并不是指那一个名称，而是实际的辨别。（《贵义》篇）

空谈仁义是没用的，必定要能实行，对国家百姓才有实际的益处。口头几句仁义道德的话，谁不会说呢？有些人口头上讲得很动听，而所行所为却完全不是那么一回事，墨子最不齿这种人。

墨子自己是个言而能行的人，他审慎地提出一种主义，就要将它实行。他特意创立了"三表法"，作为立论的规准。为什么要有"三表法"呢？墨子说：

凡是发一番言论、写一篇文章，都不可以不先立下一个标准来。言论若没有一个标准来审义，就好比将测量器安放在制陶器的转轮上面，去定东西的方向，去测早晚的时刻一样。如此，虽有精巧的工人，也不能将时刻量准。

当今天下人的情实不容易晓得，所以对于言论要设三个标准去考求。

哪三个标准呢？

第一，考求本原：推求天帝鬼神的意思，求证于古代圣王的事迹。

第二，审察事故：审察百姓耳目的情实，就人民的生活实态加以考察。

第三，应用于实际：将它制为政令，实际应用在行政方面，检讨它对于国家百姓有无利益。（《非命中》篇）

第一章 一个苦行者的形象

这"三表法"也是评审议论的标准。

第一表说的是过去的实际应用。过去的经验、阅历都可为我们作一面镜子,古人施行有效的,今人也未尝不可模仿;古人施行有害的,今人就不必再去上当了。所以墨子说:

> 凡是言语行动,与三代圣王尧、舜、禹、汤、文、武相合的,就去做。
>
> 凡是言语行动,与三代暴王桀、纣、幽、厉相合的,就丢掉不做。(《贵义》篇)

这并不是复古守旧,乃是"温故而知新""彰往以察来",有一段文字可以说明这道理:

> 墨子弟子彭轻生子对墨子说:
>
> "过去的事虽然可以知道,但是未来的事是无法知道的。"
>
> 对于这个,墨子反问他:
>
> "譬如,现在假定你的父母忽然在离此一百里的地方遭到危险。你能在一天之内赶到那里,还来得及救他们;若一天不能赶到,他们就会死去。
>
> "现在,这里有两部马车,其中一部车子很坚固,马也很健壮;另一部马羸弱,车子也是很少人用的多角轮盘的坏车子。试问,这两部车子,你要选择哪一部?"
>
> 彭轻生子说:
>
> "当然要选马健壮,车子坚固的那部,可以快些到达。"

墨子：救世的苦行者

墨子说：

"这样说来，未来的事不是也可以预知吗？"（《鲁问》篇）

这一条写过去经验的效用。由过去的经验，知道驾好马好车可以日行千里，所以可以在一天之内赶到而救出他的父母亲，这是"彰往以察来"的方法，过去的经验是可以作为借鉴而预测未来的。这也是"三表法"中第一表的作用。

第二表"审察百姓耳目的情实"。固然百姓耳目所见所闻有限，许多东西是看不见、听不见，或见闻有错误迷乱的流弊，但是，这一表也有极大的功用。因为，我国古来哲学不讲耳目的经验，单讲心中的理想。例如老子说：

不出大门，就能知道天下大事。不望窗外，就能认识"天道"。走得越远，知道得越少。因此，圣人不走路，却有知识；不表现，却被称扬；不去做，却能成功。（《老子·第四十七章》）

孔子虽说："学而不思则罔，思而不学则殆。"（《论语·为政》篇）但是他所说的"学"，不外指博学、审问、慎思、明辨、笃行五方面，而不是"百姓耳目之情"。直到墨子始大书特书道：

要考察一件事情的有无，必须以众人耳目所闻见，实际的经验作标准。假使听见了、看见了，那么这事必定是有的了；假使不曾听见，也不曾看见，那么这事必定是没有的了。（《明鬼下》篇）

第一章　一个苦行者的形象

这种注重耳目的经验，便是科学的根本。可惜，我们学术没有往这方面发展，否则近一百多年来，我们的科学也不会落在西洋人之后。我们实在愧对祖先！

至于第三表的"实际的应用"，墨子最重视这一表了。在墨子心中，"用"与"善"是相关的，"善必可用"，而这个"用"，必能"兴天下之利，除天下之害"，墨子学说的最终目的，便是"实用"。

墨子的兼爱、非攻、尚贤、尚同、节用、节葬、非乐、天志、明鬼、非命十论，可以说条条都是在这"三表"的论证下成立的。墨子相信他的主张可以解决当时政治社会上的一些问题，深信他的主义是可用的。他说：

> 我的主张，是有实用价值的。如果舍弃我的主张，而采用别的主张，等于是舍弃大量的收获，而去捡取田间剩下的禾穗一样，那不是舍本逐末吗？如果想用别人的主张来攻击我，就像拿鸡蛋打石头一样；就是将全世界的鸡蛋打在石头上面，石头也不会被打破。（《贵义》篇）

这是何等坚定的信念啊！

墨子相信一种主张，就要去实行；不论前途有多少阻挠，他也要坚持到底。所以，如上文所说，他晓谕弟子们要守义到底，再三告诫他们："义如果无法实行，也不可放弃。"他严格训练弟子们，为行义而自我牺牲；纵使遇到困难，也不可绝望，要继续走完这条遥远而艰苦的路程，为真理而尽力，切不可贪图名利富贵中途而废。

墨子：救世的苦行者

墨子是说得到做得到的。如果与他的原则相违背的事，再大的名利都动不了他的心。由下列的故事，可以充分看出他伟大的人格：

> 墨子使弟子公尚过去见越王，越王听了公尚过的话以后非常佩服，说："我很想向你老师求教，请你设法使你老师到越国来。如果他来，我想将夺自吴国的五百里领地封给他。"
>
> 公尚过答应了他的请求。
>
> 越王于是准备了五十辆车子，让公尚过去鲁国迎接墨子。
>
> 到了鲁国，公尚过禀告墨子说：
>
> "我将老师的主张说给越王听，越王非常高兴，一定要劳驾老师去一趟越国；他说，如果老师答应的话，他愿将夺自吴国的五百里领地封给老师您。"
>
> 墨子听了，说：
>
> "你看越王的用意怎样？你知道越王这是为什么？假如越王能接受我的主张，而予以实行，我愿为他的群臣之一，去接受与我身份相称的待遇。现在他是否实行我的主张尚不可知，却想用过分的待遇引诱我，我才不上他的当！
>
> "假如越王无意听用我的主张，而我却老远跑到越国去，我不是去出卖'义'吗？
>
> "既然是出卖'义'，那就在中原国家卖好了，又何必老远地跑到越国去卖呢？"

高官厚爵是人人求之不得的，而墨子却宁可要"义"。五百里的土地既是夺自吴国，在墨子看来便是"不义"，不义的待遇再隆

第一章 一个苦行者的形象

重也动不了他的心。他对于弟子们的教诲亦复如此；弟子们也多能奉行，但偶尔也有小部分意志较薄弱，同流合污而堕落的。如：

> 墨子命弟子胜绰去辅佐好战的齐将军项子牛，想安排胜绰在项子牛身边，可以随时劝阻项子牛侵略他国。
>
> 可是，胜绰不但影响不了项子牛，反而同流合污。项子牛三次出兵侵略鲁国，胜绰每一次都与项子牛共同行动。
>
> 墨子知道了，很生气，派弟子高孙子到项子牛那儿，对项子牛说：
>
> "我是来为胜绰请长假的。我老师之所以让胜绰到你这儿来做官，是要他矫正你的骄慢，遏止你的野心。但是胜绰得到你的高禄，却将义出卖了。因为他不但不谏止你侵略鲁国，反而与你共同行动。这好比要马前进，却鞭打马的前胸，使马后退一样。
>
> "我老师说：嘴里说义，而不去实行，等于是将义蹂躏。胜绰对于这种道理应该是非常清楚的，他是明知故犯。他是因为利禄的心战胜了行义的心，为利禄而出卖了义！"（《鲁问》篇）

胜绰因违背了墨家行义的精神，助纣为虐，而遭墨子贬斥。由这些故事可以看出墨子的言行一致，而他对于弟子这方面的要求，也可在这些故事里反映出来。

第四节　义行实录

墨子说："有能力的要帮助人，有财物的要分给人，有好道术的要教诲人。"这样子，社会上人人相爱互助，人们才能有安和幸福的生活。

墨子就当时政治社会的种种问题，研判出兼爱等十论，作为挽救政治社会的方法；他本着"有好道术的要教诲人"的热忱，到处演说，到处游说，劝人用他的主张来共同挽救天下。

墨子曾推荐弟子魏越出去做官。

魏越问道：

"今后，我见到各国君主时，应该首先对他们说些什么？"

墨子说：

"你对于所到的国家，要看清楚它们所面临的问题是什么，而后加以游说。

"如果该国秩序紊乱，君主昏庸，就教他'尚贤''尚同'。

"如果该国贫穷，经济不振，就教他'节用''节葬'。

"如果该国的人民喜欢听音乐和饮酒，就教他'非乐''非命'。

"如果该国的人民没有信仰心，荒淫邪僻，就教他'尊天''事鬼'。

"如果该国好争夺侵略，就教他'兼爱''非攻'。

第一章　一个苦行者的形象

"无论如何,你要先看清楚,每一个国家所面临的问题是什么,然后针对着问题而发表意见,这是最重要的。"

墨子活用他的学说,他是因时、因地、因人而制宜的,他总是针对着问题而对症下药。他自己也到过楚国、宋国、齐国、卫国,对于本国的君主鲁君和其他国家的元首和执政者,他都经常接触,并且游说他们行义。在他热心的奔走之下,委实也劝阻了不少次战祸。

以下我将列举墨子在各国的活动情形,来看他行义的实际作为。

当时齐、楚两国最强盛,国君也最有野心,所以墨子经常奔走齐楚之间。

(一)在楚国

在楚国,他见了楚惠王和楚大夫鲁阳文君等。下面就是其中的一个故事,故事说:

墨子往南方的楚国求见楚惠王。楚惠王以自己衰老为理由,不肯接见,令大臣穆贺代他接见墨子。

二人交谈之下,穆贺非常佩服墨子,对墨子说:

"先生的意见,实在好得很。但是,我国国君乃是天下的大王,他只怕要说'这只是一介贱人的见解'而不肯采用你的话。"

墨子说:

"我的话是可以采用的,君王怎么可以因为我是卑贱的平民而不采用呢?就拿药草来说吧!假如那些药草可以治病的话,就是一茎草根,天子也要服用的,怎么可以说'这是一茎草根!'就不吃它呢?

"现在,农夫将收成进献给王公大人们,王公大人们乃制酒饭等祭品,去祭祀上帝鬼神。上帝鬼神绝不会以为它是出自卑贱人的手而拒不接受吧。所以,我虽是贱人,但上可以比得上农夫,下也可以比得上药草,难道连一根草都不如吗?

"而且,我想汤王的故事你一定知道的。当初,汤王为了请教伊尹,命令一个姓彭的人替他驾车,与他一同前去。

"走到半路上,那姓彭的问汤王:'君王要到什么地方去呢?'

"汤王说:'要去见伊尹①。'

"姓彭的说:'伊尹是一个很普通的贱人,君王如果要见他,命人去把他召来,他就很有面子了。'

"汤王说:'你懂得什么!现在这里如果有一种药,吃了它,耳朵可以更加灵敏,眼睛可以更加锐利,那我一定很高兴地把这药吃下去。伊尹对于我国,就好像是良医良药,你不要我去见他,是不希望我的病好了。'

"于是汤王命那姓彭的下去,不要他驾车。

"汤王因为能用这种态度向人求教,所以,后来被人称

---

① 伊尹:名阿衡,商汤贤相。他原来耕于有莘国,想见汤王却苦无缘由。当有莘国国君的女儿嫁给汤王当妃子时,他设法做陪嫁的臣仆跟过去,替他们烧饭。借这个机会,他由如何烹调而谈到如何治国,使汤王推行王道。也有人说,伊尹是个隐士,汤王派人以礼去迎接他,请了五次才答应出来,终于帮助汤王伐桀灭夏,而统一天下。

第一章 一个苦行者的形象

为圣王。"（《贵义》篇）

关于墨子的生平身世，旧史不详，他的家庭如何，不可得知，然而，由这段文字，我们可知道他是出身"贱人"。这个"贱人"不是指品德来说，古时候，凡是士以下的老百姓都称"贱人"。

封建时代，士农工商阶级划分严格，士以下的贱人，是让人鄙视的；而"贱人"出身的墨子，想在君王之间行义，宣传他的主张，是相当不容易的，起初确实碰了不少钉子。但是，逐渐地，由于墨子的道术和热忱，以及墨子所训练的一支颇能发挥力量的军队，而抬高了他的声望，君王们也逐渐地能接纳他，并且尊重他。像《公输》篇记载了一则很有名的故事：

天下有名的巧匠公输盘①为楚王发明了叫作云梯的攻城新武器，想用它攻击宋国。

墨子听到风声，立即从鲁国赶去楚国，想阻止这次战争。他撕裂了衣裳，裹起走伤了的脚，日夜不停地走了十天十夜，赶到楚国的都城郢，去见公输盘。

公输盘说：

"夫子有什么事见教呢？"

墨子说：

"北方有人侮辱我，我想请你帮忙杀掉他。"

---

① 公输盘：战国鲁人，比墨子年长约三十岁，是天下有名的巧匠，也是我国"技术者的元祖"，现在我国各地有关他的传说很多。《吕氏春秋》和《战国策》二书中称他为"公输般"。因为他出身鲁国，所以又称"鲁班"。盘、般与班是同音假借字。

公输盘听了很不高兴。

墨子又说：

"我要奉送黄金二百两给你，作为酬报。"

公输盘说：

"我秉义而行，绝对不能随便杀人！"

墨子听他这样说，立即站起来，很郑重地向他作揖，道：

"那么，请听我说。我在北方，听说你造了云梯，预备攻打宋国。

"宋国有什么罪过？我认为现在楚国的土地有余，不够的是人民。现在又要出兵攻打宋国，是想杀掉本就不够的人民，而抢夺有余的土地，这不能算是聪明的做法；宋国没有罪过，而你去攻打它，这不能算是仁爱；你明知道这事不对，又不谏止楚王，不能算是忠心；如果你谏阻楚王，而楚王不听，那就是你无能。

"你刚才说，杀人是不义的事情，你不肯去杀一个人，却准备去杀很多的人，这是什么道理呢？你太不懂得类推①了。"

公输盘折服了，对墨子说：

"夫子说得对！"

墨子说：

"既然说对了，你为什么不停止攻打宋国呢？"

公输盘说：

---

① 类推，是《墨子·小取》篇所说论辩的七种方法之一。哪七种方法？就是"或""假""效""辟""侔""援""推"。这是我国逻辑学上墨家学派最大的发现。这里所说类推之法，可以说是归纳法的论证方法，我们可以在《墨子》书中，随处看到他应用这种论证法来攻诘他的对手。

第一章 一个苦行者的形象

"不行!我已经跟楚王计划好了。"

"何不引我去见楚王呢?"

"好的。"

于是,墨子见了楚王,对楚王说:

"听说大王将要攻打宋国,有这事吗?"

楚王说:

"有。"

墨子说:

"现在假定这里有一个人,家里有很漂亮的画着文采的车子,却想窃取邻家的破旧车子;自己有华贵锦绣的衣服,却想窃取邻家的粗布短袄;自己家里有米有肉,却想窃取邻家的酒渣和粗食。你觉得这个人怎么样?"

楚王说:

"这个人有偷窃的毛病。"

墨子说:

"楚国的地方有五千里,宋国的地方只有五百里。二者相较,就像漂亮车子和破旧车子一样。

"楚国有云梦泽,那里有各种野兽如犀兕①麋鹿之类;楚国有长江汉水,可以在那里获得很多的鱼鳖鼋鼍②,真可以说

---

① 兕(sì):雌的犀牛。
② 麋(mí):鹿类,比鹿大些。雄的青黑色,雌的褐色。雄麋的角又大又长,每年分枝,枝粗短。鹿的性情怯弱,跑得很快,产在亚洲北部、瑞典、北美洲等地。
鳖(biē):爬虫类动物,形状像龟,俗名"甲鱼""团鱼"。圆形背甲的边缘特厚而柔软,叫作"鳖裙",是佳肴美味。
鼋(yuán):大龟,头上的皮不平,像有疙瘩。通常叫"癞头鼋"。
鼍(tuó):脊椎动物鳄虫类,形状像鳄鱼,我国特产,长两丈多,四只脚,鸣声像鼓,生在江里湖里,俗称"鼍龙""猪婆龙"。

是富甲天下。宋国地方贫瘠,连野鸡兔子和小鱼都没有,二者比较起来,就和米肉之于酒渣粗食一般;楚国有长松、文梓、楩枏、豫章等好木材,宋国却没有,二者比较起来,又和锦绣之于粗布短袄无异了。这样看来,大王派人去攻打宋国,不是和那有偷窃之癖的人一样吗?我以为大王不仅得不到什么好处,反有损大王的义行。"

楚王说:

"对啊!你说得真好!但是,公输盘已经给我造好云梯,非攻宋不可了。"

于是,墨子转向公输盘,请他比试攻守之道。墨子将皮带解下当作城墙,以一些小木块当作守城的器械,叫公输盘攻击他。

公输盘九次设下攻城的机变,墨子九次设法抵御;公输盘攻击用的方法全部用完了,墨子手中用作防守的方法还绰绰有余。

公输盘败了,他说:

"我知道怎样对付你了,但是,我不说出来。"

墨子也说:

"我知道你要怎样对付我,我也不说出来。"

楚王问:

"你们到底在打什么哑谜?"

墨子说:

"公输盘的意思不过是想杀掉我。他以为杀掉我,宋国便没有人懂防守之道,楚国就可以进攻了。

"可是,事情没那么简单。我早已派遣我的弟子禽滑釐

第一章　一个苦行者的形象

率领其他弟子三百人，带着我所设计防守的武器，在宋国城墙上等候楚兵了。所以，即使杀了我，楚国也无法攻破宋国。"

楚王说：

"好！我将攻宋计划取消就是了。"

墨子既劝止了楚王，救了宋国，乃起程回鲁国。

经过宋国时，适逢天下大雨。墨子想到一个里门内避雨，守门的人却不让他进去，不知他竟是他们国家的救命恩人。

墨子这样尽力地阻止楚国攻宋，正是体现他兼爱非攻理想的实际行动。他拼着命从鲁国走到楚国，又拼着命阻止了楚王，帮助宋国免去了一场战祸，宋国竟毫不知情；回去时经过宋国，连想到里门内躲雨守门人都不答应。看了这故事，不能不令人感到墨子的伟大。

墨子的目的原在为天下人谋求安定幸福，并不在求个人的私利私名，因此，他的功德不求人知。《公输》篇最后下一个结论说：

> 一般人所看不见、测不到的大智硕德，普通群众是不能理解他伟大的功绩的；而专门计较小利、小智的人，一般人倒容易理解，有一点小功劳，众人便都知道。

墨子便是大智硕德的人。公输盘和墨子都是当时第一流的技术家，公输盘又长于发明武器，所以墨子不能不随时注意他，并且也发明守御的兵器来抵拒。

在止楚攻宋以前，公输盘为楚王发明舟战用的钩拒，墨子也

·035·

墨子：救世的苦行者

曾劝阻他使用。《鲁问》篇记有这样一个故事：

> 从前，楚人和越人在长江水战。
>
> 楚国的船从上游进攻，顺流而进，非常轻快。可是一旦失利要想后退时，却是逆流，便困难万分。越国的船则刚好相反，它们处于下游，进攻时虽因逆流而较困难，但后退时都可以很不费力地顺流而下。
>
> 越人因占了这种优势，屡次将楚人击败。
>
> 公输盘自鲁南来到了楚国，针对着这缺点，为楚人发明了铁钩和铁拒[①]。这种新武器，可以"钩"住想逃走的敌船，并且可以抵"拒"进攻的敌船。公输盘根据铁钩和铁拒的长度，另外制造船上的兵器。这样一来，楚人的兵器都有节度，越人用的兵器都没有节度，楚人可以攻击越人，越人只有挨打的份儿了。楚人因为占了这种优势，所以连连将越人击败。
>
> 公输盘以为自己巧妙极了，对墨子夸耀钩拒的威力。他说：
>
> "我的舟战有钩拒类武器，无往不利；不知道你所说的'义'有没有这样的威力呢？"
>
> 墨子说：
>
> "我行义用的钩拒，比你战船上用的钩拒好！
>
> "我的钩拒是这样的：用'爱'做钩，用'恭'做拒。不用仁爱去吸引，人家就不和你亲近；不用恭敬去对待，就容易轻慢。轻慢无礼，不相亲近，就容易分离。所以互相亲爱，

[①]《鲁问》篇本作"强"，乃是"拒"字的错误。

第一章 一个苦行者的形象

互相敬重，双方便都能得到利益。

"现在，你用铁钩钩人，人家也会用铁钩钩你，使你不能后退；你用铁拒抵拒人，人家也用铁拒抵拒你。互相钩拒，互相残害，这有什么好呢？

"所以我行义用的钩拒，比你舟战的钩拒好。"

后来，公输盘又为楚发明攻城的云梯，如前文所说，墨子又去阻止他攻宋。公输盘想通了，对墨子甚是折服。他对墨子说：

"我没有见到你以前，很想取得宋国。但是见到你之后，若不合乎义，虽将宋国送给我，我都不要。"

墨子说：

"你说你在没有见到我以前，想取得宋国；见到我以后，你就觉得不义的事不能做。若不合乎义虽将宋国给你，你都不肯要，这不是等于我将宋国给你了吗？你努力去行义，我还要将天下送给你哩！"（《鲁问》篇）

明白了行义的道理，对于事物有了是非的辨识，这比得到了宋国还要可贵。墨子的热忱，终于感化了热衷于发明攻击武器的公输盘，不知给天下之人免除了多少战争的厄运！能够将计算世人的心思转为兼爱世人，与天下人打成一片，这便是拥有天下了。

公输盘还喜欢做些小玩意，有一次：

公输盘削竹子和木头，制成一只木鹊，将它放上天去飞，三天都不降落下来。

公输盘自己以为再巧妙也没有了，很骄傲地说：

"哪一个技术者有这样高明的技术呢？"

墨子听到他这样说，即对他说：

"你制造的鹊，还不如我造的车辖①巧妙。造车辖时，只需片刻的工夫，就可以斫成三寸来长的车辖，可以用来载五十石重的货物。

"所以，我说有利于人的技术才是'巧'，像你这种无利于人的技术，只能叫作'拙'。"

墨子觉得公输盘把智慧、精力浪费在对人无益的玩意的发明上，实在太可惜了。他觉得有力量、有智慧、有财货的人都应该多帮助别人，多做些有益社会人类的事。所以，人们说墨子是位实用主义者。

墨子也常游说掌握楚国政权而又好攻伐的鲁阳文君。

墨子对鲁阳文君说：

"大国攻小国，就好比小孩子们玩竹马一样。小孩子骑竹马，不过使自己的脚跑累罢了。被攻打的国家，固然农夫无法耕种，妇人无法纺织，大家都得从事于守卫；而攻打他国的国家，国中农夫也无法耕种，妇人也无法纺织，大家都忙于攻战。

---

① 辖：车轮轴两端的闩子。有这闩子，车轮才能转动。

第一章 一个苦行者的形象

"所以,大国攻小国,与小孩子玩竹马没两样,自己也将疲惫不堪。"(《耕柱》篇)

墨子以小孩子骑竹马的妙喻,来劝鲁阳文君不要随便攻打小国,战争总是两败俱伤、得不偿失的;被攻打的固然损失惨重,攻打人的也讨不到便宜,只有自己劳累吃苦罢了。这话说得一点没错。这便是墨子反对战争的理由之一,在《非攻》篇中也说到这层道理。

墨子又对鲁阳文君说:

"现在,这里有一个人,他的厨师给他做许多美味的山珍海味,吃都吃不完;但是,他看到别人家做饼,居然不顾一切地偷来吃。不知道是因为他好吃的食物不够呢,还是因为他有偷东西的毛病呢?"

鲁阳文君说:

"他必定有偷东西的毛病。"

墨子说:

"那么,我问你,你的国家荒芜的田地还很多,一时都开垦不尽;加上许多空虚的城邑,住都住不完。但是,一看到宋国和郑国有些余地,就不顾一切地要它。你这样,与刚才那个人又有什么两样呢?"

鲁阳文君说:

"我和上述的那个人一样,实在都有偷东西的毛病。"(《耕柱》篇)

这与劝阻楚惠王攻宋的譬喻差不多,鲁阳文君和楚王一样,在墨子的逼问之下,不得不承认自己是个患有"窃疾"的人。虽然墨子无法完全去掉他们的野心,但多少总有影响。楚王不是放弃了用云梯攻打宋国的计划吗?

有一次,鲁阳文君准备去攻打郑国。墨子听见了这个消息后,立刻去劝止他,对鲁阳文君说道:

"假如在鲁阳境内,大贵族攻小贵族,大氏族攻小氏族,杀害人民,又把人家的牛马猪狗、布帛米粟和钱财都抢了去,你预备怎么办呢?"

鲁阳文君说:

"鲁阳境内的人民,全部都在我统治之下;如果有这种行为,我就要严惩他们。"

墨子说:

"上天的兼有天下,也和你统治鲁阳境内一样;现在你在上天的统治下要起兵去攻打郑国,上天就不会处罚你吗?"

鲁阳文君说:

"先生为什么要阻止我攻打郑国呢?我攻郑是顺应着上天的意旨啊!郑人三代都将国君弑了[①],上天降下诛罚,使郑国三年没有收成,我这是要帮助上天诛罚他们。"

墨子说:

"郑人三代将国君杀死,于是天降诛罚,使郑国三年没

[①] 郑人杀哀公,而立共公。共公死后,儿子幽公即位。韩武子伐郑时,杀了幽公。幽公弟即位,为公。后来郑子阳的党人又杀公。所以说郑人三代杀死国君。

第一章　一个苦行者的形象

有收成，上天的诛罚已经够了。现在，你又要起兵去攻郑，说：'我攻郑，是顺从天的意旨。'

"这好比一个人，他的儿子不肯学好，他父亲用竹板子已经打了他一顿，他的邻人又拿起木棍来打他，说：'我打他，是顺着他父亲的意志。'

"这岂不是很没道理吗？"（《鲁问》篇）

有些大国就是常造些冠冕堂皇的理由去侵略小国，墨子最痛恨这个。除了三代圣王禹、汤、文、武，什么"代天行罚"都是幌子，鲁阳文君的攻郑也是如此。

世人的见解，常常是短视而认不清事理的，像墨子对鲁阳文君说：

"世俗的君子，对于小事明白，对于大事反都不明白。现在假使此地有一个人，偷了人家一条狗或一头猪，大家就说他不仁；但是，若窃取一国家，或一都邑，大家却以为他合乎义。这好比看见少许白时，就说是白色；多看见些白色时，反说那是黑色一样。所以世俗的君子，只明白小事，而不明白大事，也和人黑白不分一样。"（《鲁问》篇）

世人也往往只看到别人的错，而看不到自己的错，像鲁阳文君对墨子说：

"楚国南面有一个吃人国叫作桥。相传该国的人，凡是生下第一个男孩，就将他肢解吃掉，说这样是'宜弟'。假使滋味好的话,还要送去给国君吃。国君吃得高兴时,还要赏赐孩子的父亲。这真是一种坏风俗啊!"

这种野蛮的习俗,真是骇人听闻。但是,墨子说:

"我们中国的风俗,还不是如此!因战争让父亲战死,然后使孩子受奖赏。这和吃了人家的孩子,赏赐孩子的父亲,又有什么区别呢?如我们不行仁义,怎么可以鄙笑那些吃自己的儿子的蛮人呢?"(《鲁问》篇)

父亲战死疆场,儿子受奖赏,想通了,与蛮人送儿子给国君吃而自己领赏,的确没什么两样,只是五十步与百步之别而已。墨子思虑夠通,他一听鲁阳文君嗤笑蛮人风习,马上就把握机会向鲁阳文君灌输"非攻"思想,他的头脑实在敏捷!

又有一次,墨子去见鲁阳文君,对鲁阳文君说:

"攻打邻国,杀戮该国人民,夺取该国的牛马粟米和钱财后,很得意地记在竹帛上,刻在金石上,作成铭词铸在钟鼎上,留传给后世子孙,说:'我的战功,没有人比得上!'

"现在,假使一个平民也攻打他的邻家,杀死邻人,夺取邻家的猪狗粮食衣服后,也把这件事很得意地记在竹帛上,作成铭文留在坐席和祭器上,留传给后世子孙知道:'我强夺邻人,没有人比得上我!'这可以吗?"

鲁阳文君说:

第一章 一个苦行者的形象

"不错！听你的话后，可得见天下人所认为对的事，未必一定对啊！"（《鲁问》篇）

人们往往看不见自己的错，而且还自以为是，就像人们认为战胜是光荣的事，殊不知战争是最残酷、最不人道、最不合仁义的事，而人们还把它当作光荣的功绩！我们不也读了许多我们的祖先记载他们光荣的战绩的文章吗！

由于墨子与鲁阳文君接触频繁，他们之间建立了深厚友谊，鲁阳文君对于墨子的意见也相当认同，有时也喜欢找一点别的问题来请教墨子。有一次他们谈到什么是"忠臣"的问题：

鲁阳文君对墨子说：

"有人对我提到忠臣，说是叫他低下头去，他就低下头去；叫他抬起头来，就抬起头来；平时静默不响，呼唤他就答应。这可以算是忠臣了吧！"

墨子说：

"叫他低头，他就低头；叫他抬头，他就抬头，这和影子一样；平时静默，一叫就答应，这和回声差不多。你从影子和回声能得到什么好处？我所认为的忠臣，和这个不同：主上有过错时，他要找机会进谏；自己有好计划时，要进献给主上，而不告诉外人。要全心全意匡正主上，使主上不流入邪恶，使主上日新月善；协同主上而不蒙蔽，举用贤人而不私结党派。使主上享受美誉之名，臣下分受仇怨之事；主上安乐，臣下忧苦。我认为忠臣应该如此。"（《鲁问》篇）

墨子：救世的苦行者

墨子是积极、热心的，他反对儒家"不扣则不鸣"的明哲保身的做法，他是"扣亦鸣，不扣亦鸣"的。他认为忠臣不应该是唯唯诺诺、恭顺附和的随身影子，也不应该是应声虫。从这儿我们也可以看出墨子的性格。

有一天，墨子和弟子孟山等人讨论什么是"真正的仁"。孟山非常称赞楚国的王子闾。孟山说：

"从前，白公①在楚叛乱时，劫持王子闾，拿斧钺钩他的腰，刀剑抵住他的心，对他说：

'你答应当楚王就让你活，不肯当楚王，就要你死！'

王子闾说：

'怎么可以这样侮辱我！你杀了我的亲人，却拿楚国来引诱我，令我为楚王。若不合于义，纵使拿天下给我，我都不要，何况楚国！'

王子闾情愿被杀死，也不肯被胁迫为楚王。王子闾这个

---

① 白公名胜，是楚平王的孙子，太子建的儿子。

当初楚平王听了太子少傅费无忌的话，娶了原准备为太子建娶的媳妇秦女，后来又要杀太子建，于是太子建从楚国逃亡到郑国，为郑人所杀。伍子胥带着白公胜逃到吴国。

过了四十多年，楚平王孙惠王即位，楚令尹（宰相）子西召白公胜回国，拜他为巢大夫。白公因他父亲太子建当年逃亡于郑时，为郑人所杀，所以要求子西伐郑，为他父亲报仇。但子西出卖了他。后来他与勇士石乞，在朝廷上将子西袭杀，劫持楚惠王，胁迫王子闾为楚王，王子闾不从，终于被杀。

而这次叛乱前后也只有一个多月，白公终为惠王臣下所杀。这是鲁哀公十六年（公元前479年）的事儿。

王子闾，是楚平王的儿子。平王死后，昭王即位（他的母亲就是被楚平王强娶的秦女）。昭王死前，让位给王子闾，王子闾为宽解哥哥的心而暂时答应。昭王死后，王子闾归还王位给昭王的儿子，就是楚惠王。王子闾是惠王的叔父，这时惠王为白公劫持，不知生死，所以这里王子闾说："杀了我的亲人，却拿楚国来引诱我。"

人可以称得上真正的'仁人'了吧!"

墨子说:

"的确是很难得的了,王子间的作为不是任何人都能做到的;但是,还不能算是仁啊!

如果王子间认为楚王无道,为什么不接受王位,去治理楚国呢?如果以为白公不义,为什么不接受王位,然后诛讨白公,使楚王复位呢?

所以说:王子间的行为是很难做到的,但终究还不合乎仁义哩!"（《鲁问》篇）

从这故事可看出墨子是位就事论事、绝不迂腐的人。他虽然称赞王子间的勇敢,但觉得牺牲得无价值。王子间如果真为楚国利益着想,就应该接受王位,再往有利的方面进行;他却不如此而被杀,只不过成就了他个人的名誉而已,对于楚国并没有什么好处。这种作为,墨子是不欣赏的。墨子的心思全在"兴天下之利,除天下之害",合乎这原则的,才是合乎仁义的;能产生实际好处的,才是有价值的。

(二) 在齐国

墨子是鲁人,除了鲁国,最常住的地方,便是邻近的北方的齐国。

像前面第二节所说,墨子推荐弟子高石子到卫国做官,卫君虽给他崇高的爵位,优厚的俸禄,但不采纳他的意见,于是高石

墨子：救世的苦行者

子毅然决然地放弃爵禄，离开卫国，却跑到齐国向老师解释这件事。那时墨子正住在齐国。(《耕柱》篇)

在第一节，我们也说过，墨子从鲁国到齐国遇见一个老朋友，那老朋友劝他停止行义。(《贵义》篇)可见墨子常到齐国，有时候是住在齐国的。

又有一段文字记载说：

> 墨子要到北方的齐国，在路上遇到一个卜卦的，对墨子说道：
>
> "今天是天帝在北方杀黑龙的日子，而先生的肤色黑，不可以往北去！"
>
> 墨子不听，仍朝北走，到了淄水，河水泛滥，渡河不成，只得退回来。
>
> 卜卦的说：
>
> "我不是说过先生不可以往北去吗？"
>
> 墨子说：
>
> "河水泛滥，南方的人不能朝北去，北方的人不得往南来，南北两方的人，肤色有的是黑的，有的是白的，为什么都走到半路上折回去呢？
>
> 而且你们说天帝以甲乙日杀青龙于东方，丙丁日杀赤龙于南方，庚辛日杀白龙于西方，壬癸日杀黑龙于北方。① 若照你们的话，不是每天都有人行不得？这岂不等于禁止天下一切的行旅吗？这乃是以迷信束缚人心，使天下行人减少。你

---

① 这是阴阳五行的说法。

第一章 一个苦行者的形象

的意见有问题！"（《贵义》篇）

这次墨子虽然没去成齐国，但从文中知道他是要去齐国的。而且，这一则故事同时也反映了：墨子虽信鬼神，但不赞成以迷信束缚人心，他的思想是相当通达的。

墨子在齐国见过齐太王田和、将军项子牛等，屡次以"非攻"的道理向他们进言，劝阻他们不要侵略无辜小国。

有一次：

> 墨子去见齐太王，道：
> "假使这儿有一把刀，拿人头来试，一下子就斫断了，可算得锋利吗？"
> 太王说：
> "很锋利。"
> 墨子说：
> "多试斫几个人的头，也都一下就斫了下来，这把刀算锋利吗？"
> 太王说：
> "锋利！"
> 墨子说：
> "刀是锋利的了，但是试刀的结果，谁受到上天的惩罚，得到不祥的凶祸呢？"
> 太王说：
> "刀受到锋利之名，试刀的将受到凶祸。"
> 墨子说：

墨子：救世的苦行者

"那么，兼并人家的国家，歼灭人家的军队，杀害百姓，结果谁应受到凶祸？"

太王低下头来想了一会儿，答道：

"我应当受到凶祸。"（《鲁问》篇）

墨子善于用浅近易晓的比喻切实地指出问题所在，诱导听者逐步了解而醒悟。像这儿，利刀砍人头是人人知道的道理，但墨子能一步一步地逼问过去，终使齐太王明白杀人是不义的，随便杀无辜的百姓是会得天之谴的。墨子借此游说齐太王不要随便侵略别国，这是墨子惯用的方法。

又有一次：

齐国要去攻打鲁国，墨子跑去见齐将项子牛，对他说：

"攻打鲁国，是齐国的大错啊！从前吴王往东面去攻打越国，将越王困在会稽山上。西面去攻打楚国，逼使楚昭王出奔到随。又北面去攻打齐国，把齐国大将国书捉获，带回吴国。战绩如此显赫，结果诸侯联合起来复仇，吴国百姓也因劳苦过甚，心中怨恨不服，不肯再听命令。结果吴王身死国亡。

"从前智伯起兵攻打范氏和中行氏，兼并了三晋之地，结果，诸侯[①]大家联合起来报仇。百姓也因太过劳苦，心中怨恨，

[①] 晋国六卿智氏、中行氏、范氏、韩氏、赵氏、魏氏专权，尤以智氏最专权。智伯为了独掌政权而联合韩、赵、魏三家灭了范氏、中行氏，后来又与韩、魏围攻赵氏，韩、魏恐惧战祸终将临到自己头上，因此反过来帮助赵氏，最后将智氏灭了。

不肯供他驱使,最后智伯也惨遭灭亡的命运。这都是因为好战。

"所以大国攻打小国,双方都受到损害,所施给人家的祸患,结果必定会还给自己。"(《鲁问》篇)

战争对于任何一方都是不利的,墨子如此苦口婆心地劝说项子牛,又派遣弟子胜绰去辅佐项子牛(见前文第三节),用心良苦,仍然阻止不了项子牛的侵鲁。在战国时代,诸侯拼斗激烈的环境里,想要实行兼爱非攻,谈何容易啊!

虽然如此,墨子仍然尽他所能,奔走于各国之间,想以他的影响力,劝服侵略者,使他们以花在战争上的人力物力,多为天下百姓谋福利。

(三)在鲁国

墨子虽然是鲁国人,和鲁国朝廷的关系却并不密切,大概是因为墨子背弃周道,而鲁国却是周公所封之国,是周代文化中心。在政治方面,当时鲁国三桓[①]专政,彼此钩心斗角,但又不能任用贤人;墨子倡尚贤,似乎是针对他们的贵族政治而发。这样看来,墨子与鲁国朝廷是不兼容的。

在《墨子》书中,墨子对于三桓只提到过一次:

季孙绍和孟伯常一同治理鲁国,二人互相疑忌,彼此不

[①] 三桓:即鲁国三位大夫:孟孙、叔孙、季孙,三人都是鲁桓公的后代,所以称三桓。

>能信任，于是跑到神祠里去祷告说：
>
>"神啊，使我们和好吧！"
>
>墨子说："这无异于把眼睛蒙住，到神祠里祷告说：'神啊，使我能够看见吧！'这不是很荒唐吗？"（《耕柱》篇）

这番话里面，显然对三桓有着讽刺、鄙夷的意思。

又有一则讥刺鲁国国君的故事：

>鲁君一个宠幸的臣子死了，鲁国有一个人作了一篇诔文① 颂扬他。鲁君看了很喜欢，便让这个人做官。
>
>墨子听到了这件事，批评道：
>
>"诔文旨在称述死者文章，现在国君却因喜欢这篇文章而让这个作者做官，所用并非所长，这好比用马去耕田一样，太不合适了！"（《鲁问》篇）

一个会作文章的人，不一定就会做官，人的才能各有长短，而不顾其才适合与否，仅凭个人的喜爱，随意任用，这是很不应该的。但是，这种情形在墨子的时代比比皆是，这就是墨子深恶痛绝的私幸政治，《尚贤》篇中，墨子对于这些问题有着深入的批判。

对于鬼神，墨子是笃信的，但他并不鼓励人们不尽人事，而倚赖鬼神，下面是一则有关的故事：

---

① 诔文：是叙述死者生平德行的文章。

第一章　一个苦行者的形象

鲁祝①用一头小猪去祭祀，求鬼神降以百福。

墨子听见这事，便说：

"这样是不可以的。现在若给人家少许东西，便希望人家还报许多东西，那么人家以后就唯恐你再给他东西了。

"鲁祝用一只小猪去祭祀，就要求鬼神降以百福，那么以后鬼神就会害怕人们用牛羊去祭祀他了。

"古代的圣王事奉鬼神，不过是祭祀而已，并无要求。用一只小猪，就要求取百福，站在鬼神的立场，他与其应付富人的无厌的要求，还不如贫穷的人无力祭祀的好。"（《鲁问》篇）

鬼神是能赏善罚暴的，但不是任凭什么人拿一点点祭品去祝祷，便能如愿以偿，赐给他百福的。如果这样的话，坏人不做好事也能得赏，那不是很荒谬吗？墨子要人不要对鬼神有倚赖的心，要自求多福，幸福是掌握在自己手中的。

这三则故事所记，都只是关于鲁国本身的一些琐事，无关宏旨；而墨子也仅站在局外人的立场加以批评，并没有参与其事。

下面这个故事却是记载鲁君和墨子的谈话的：

鲁君对墨子说：

"我有两个儿子，一个喜欢求学，一个喜欢散财于人。你看我立哪一个为太子好呢？"

墨子说：

"光从这一点是不能了解的。他们好学与慷慨，或者是

---

① 鲁祝：专主祭祀的人叫祝。鲁祝是鲁国一位专主祭祀的人。

为了想得到赏赐,或者是为了博取美名。好比钓鱼的人,那样恭敬地坐在那儿,不敢乱动,并不表示他尊敬鱼;人们放毒药在食物内给老鼠吃,也并不表示喜欢老鼠。

"我希望主君①能够在观察他们的行事之外,同时更多探究他们的用意。"（《鲁问》篇）

这个鲁君,大概是鲁穆公。他竟然拿择立太子如此重要的问题向墨子请教,可真难得！这时墨子年事已高,南方的楚人称墨子为"北方的圣人",可见墨子在当时已享有隆盛的声誉,所以回到鲁国,政府当局也敬重他,对他另眼相看。

又有一次：

鲁君问墨子：

"我担心齐国要攻打我国,有什么方法可以救我国吗？"

墨子说：

"有。从前三代的圣王,如禹、汤、文、武,起初他们都只是土地方圆百里的诸侯,但是因为他们为人忠诚,力行仁义,结果竟广有天下。

"三代的暴王,如桀、纣、幽、厉,他们暴虐百姓,百姓都怨恨他们,结果他们失去天下。

"我希望主君尊敬天帝,事奉鬼神,爱护百姓,替全民求福利；先将国内治好,然后希望主君能用极贵重的皮币,极卑恭的辞令,火速展开向四邻诸侯的外交工作,联络他们,

---

① 主君：对国君的敬称。

取得他们的支持，而后率领全国的民众去抵抗齐国，这样一来鲁国的祸患就可以解除了。

"除此以外，没有别的方法可以救鲁国。"（《鲁问》篇）

这个鲁君，据后人的考证就是鲁穆公。因为鲁国与齐国接壤，鲁弱而齐强，鲁君怕齐国侵略，慎重地向墨子请教御齐的方法；而墨子也借此机会向鲁君进说尊天事鬼、爱护百姓的道理。

墨子与鲁国执政者的接触仅此而已。

（四）在卫国

卫国在现在河北省南部、河南省北部一带，与鲁国相邻，墨子对这个国家很关切。他常到卫国，与执政大夫公良桓子关系很好。卫国介于齐晋两大国之间，所以墨子对于卫国守御方面的事情非常注意，并常劝卫国当局多多养士。

墨子对公良桓子说：

"卫是一个小国，又处在齐晋两大国之间，就好像一个贫穷的人，处于一群富有的人当中一样。贫穷者若也模仿富有者，考究衣着，不计费用的浩大，那就会立刻破产。

现在看看你的家，文采豪华的车子有数百辆，吃豆料和谷子的马有几百匹，身着锦绣的妇女有数百人。若将装饰车子、饲养马匹以及修饰妇人的钱财节省下来去培养人才，必定可以养蓄千人以上。如果能够那样，国家有紧急事态发生时，就不会因人才缺乏而伤脑筋。你想，拥有一千名人才，与拥

有数百名妇女，究竟哪一种可以使你安心无忧呢？我以为不如养士的安全。"（《贵义》篇）

卫国小，国家也不富有，而达官贵人还不知节俭，不知多为国家培育人才，而竟尚奢华，墨子实在为他们焦急。

墨子因与卫国执政关系不错，所以常推荐弟子到卫国做官，但所推介的人，有的表现得好，有的并不理想。《贵义》篇说：

> 墨子介绍一个弟子到卫国做官，那个人不久又回来了。
> 墨子问他：
> "你为什么又回来呢？"
> 弟子答道：
> "卫君不守信，他本来跟我说给我一千盆①的俸禄的，但是后来他只给我五百盆，所以我回来了。"
> 墨子说：
> "假使卫君给你千盆以上的俸禄，那你还要离开卫国吗？"
> 弟子说：
> "那就不走了。"
> 墨子说：
> "那么，你并不是因为卫君不守信而离开，而是你嫌少吧！"

这个弟子把俸禄看得太重，简直不像墨子的门徒，真是玷辱师门！

---

① 盆，是古代储粮米用的盆子，也是一种俸禄的数目。

派出去的弟子也有极好的，如前文所说高石子，他因为卫君不能采用他的意见，虽然给他高官厚禄，也毅然离开卫国。他那种"背禄向义"的作为，博得了墨子的赞许。

卫国当局虽敬重墨子，但毕竟还是不能奉行墨家的主张。

（五）结语

墨子刻苦、坚毅、积极、笃实、热烈的性格，是令人敬佩的，其立义之坚，为义之勇，可说卓绝千古！

不仅墨子如此，他的弟子们也都能勤生赴死，以任天下之急为职志。《淮南子·泰族训》说：

> 墨子服役者百八十人，皆可使赴火蹈刃，死不旋踵。

只要是该行的义事，即使要他们赴火蹈刃，也勇往直前，绝不退缩。

墨家纪律甚严，墨子所领导的团体，向来以善战得名。如《公输》篇所说，那守在宋国城郭上的三百多个训练有素的墨家徒属，足以吓退野心勃勃的楚王。

由于墨子的热诚和实力，墨家在当时确实解除了诸侯国之间不少的战祸。如上文所说，他除了阻止楚国攻宋，还打消了齐太王攻鲁的念头，说服楚国执政大夫鲁阳文君放弃了攻郑的野心。各国执政对于墨子这一派，都存有几分敬畏之心。墨家的行义重信、不惧牺牲、冒险犯难的精神，深得当时君主们的重视。

墨家的义勇精神，在这种情形之下，自然得到了发扬的机会，因而成为社会的风尚。义勇的行为,得到广大民众的支持,他的价值经过公众的肯定,便为我国的人格世界树立了一个新的典型,那便是仗义任侠的形象。

勇于赴义的任侠行为,虽不为正统学者所赞许,但它在伦常关系之外,确定了公义的客观标准,而深入民心,融入民族血液中,对我中华民族的影响是深远的。

先秦学者多以儒墨并提,汉代却以儒侠对举,可见墨学在我国学术及文化上的影响。这种影响是亘久的,近代张溥泉先生说:

> "先烈赴汤蹈火之行,及舍生救人之志,出于墨子任侠一派者多。"

墨子精神是永久不灭的。

第二章 与儒者的论战

第二章　与儒者的论战

墨家是反对儒家的,《非儒》篇是对儒家的总攻击,其他与儒者的辩难,散见《耕柱》《贵义》《公孟》《鲁问》诸篇。但《非儒》篇不是墨子所作,也不是墨子的语录,而是作于墨家后学;《耕柱》等篇则是墨子的言行记录。这些都是我们介绍这个主题的依据。

（一）儒学的弊病

《淮南子》曾说墨子"学儒者之业,受孔子之术"。墨子与孔子俱出于鲁,而鲁为周文郁郁的代表;墨子年代既在孔子之后,且与孔子再传弟子年辈相当。那时儒学正盛,墨子受儒者之业的熏陶,不是不可能的事。

然而,墨子既受儒家教育的熏陶,又何以要反对儒家呢？《淮南子》说是因为墨子不满意儒家提倡礼乐,以及厚葬久丧,太重繁文缛节,伤财而又劳民,所以反对儒家。这些观点,都可以在《墨子》书中找到。《公孟》篇记载:

> 墨子对学者程繁[①]说:
> "儒家的道理,有四点足以毁坏天下:
> "第一,儒者以为上天不神灵,鬼神不神明,而对天鬼不尊敬,所以天帝和鬼神都不高兴。这种理论足以令天下毁坏。
> "第二,儒者主张厚葬久丧,制作极厚的棺椁,做许多的衣服棉被去装殓死者。送殡的人极多,出殡像搬家一样热闹。
> "并且,父母妻子死,守丧三年,哭泣不已,以致居丧

---

① 程繁:是当时兼学儒墨学术的学者,常与墨子论辩。

者身体虚弱,必须搀扶着才能够站起来,拄着拐杖才能够行走,耳朵也听不清楚,眼睛也看不明白。这种做法也足以令天下毁坏。

"第三,儒者喜欢弹琴唱歌、击鼓跳舞,喜欢学习音乐、爱好逸乐。这种作风也足以毁坏天下。

"第四,儒者以为命由前定,富贵贫贱、寿考夭折,固然是命中注定;便是国家的安危治乱,也都有命,不是人力所可勉强的。居上位者如果相信这话,一定不再努力治事;下面的人民如果相信这话,也一定不肯勤奋务业。这种理论也足以让天下毁灭。"

可见墨子反对儒家的只是这四点,而不是儒学的全部。

程繁说:
"先生这样毁谤儒者,未免太过分了!"
墨子说:
"假使儒者本来没有这四件事,而我这样说,那就是我在毁谤他们;现在,儒者实在有这四种弊病,而我这样说,就不是毁谤他们了。我不过将我所听到的讲出来罢了。"

墨子确实认为儒家这四件事足以危害社会,毁灭天下,所以才如此认真而严厉地攻击。

针对儒家这四种弊病,墨子提出了"天志""明鬼""节用""节葬""非乐""非命"的主张。墨子说批评人家的学说不好,必定要有新的、好的学说去代表它。所以,墨子的批评是积极的，是建设性的。

墨子勇于接受挑战。他告诉程繁说应该商讨的就商讨，应当争辩的就争辩，别人用力攻击你时，你就用力地抵御，这便是墨子的作风。墨子与儒家学者以及时人的论战，便这样热烈地展开了。

（二）不抹杀孔子

墨子有一天又与程繁争辩，墨子称引孔子的话来责难程繁。

程繁说：

"你既然反对儒家，为什么又要称引孔子所说的话呢？"

墨子说：

"我所称引的是孔子说得对的一句话，这句话是不可以更改的。有道理的总归是有道理。你看天上飞鸟，知道热旱要来，就飞得高高的；你看水中的游鱼，知道天气要更热时，便游得深深的。这时候，即使聪明如禹王、汤王，绞尽脑汁，也不能推翻这种道理。鸟和鱼，当然不如人类聪明，然而，人类中最聪明的禹、汤也不能不服它们飞高潜深的道理。

"我也同样，我之所以称引孔子的话，是因为有道理的总归要承认它有道理。"（《公孟》篇）

所以，墨子虽然反对儒家，但对于孔子的真精神以及儒家的好学说，并不一概抹杀。

（三）古言古服

儒家学者公孟子说：

"君子必须讲古代的言语，穿古代的衣服，然后才称得上是仁义之人。"

墨子说：

"这话不对！从前商王纣的卿士费仲①是天下残暴的人，纣王的叔叔箕子②和纣王的哥哥微子③是天下的圣人，他们不是说同样的话吗？然而却有仁与不仁之别。周公旦是天下的圣人，他哥哥管叔是天下残暴的人，他们不是穿同样的服装吗？然而却有仁与不仁的分别。

"可见言语和服装并不见得一定要古代的方好。更进一

---

① 费仲是纣王的卿士。纣王任用他主持政务，但他好阿谀，贪小利，百姓都不喜欢他，纣王乃改用恶来主政。恶来也是小人，他喜欢搬弄是非，毁谤别人，纣王受他的影响，越发疏远诸侯，终致亡国。

② 箕子是纣王叔父。纣王无道，箕子进谏不听，在他的兄弟比干死谏纣王，被挖出心肝后，箕子害怕，乃披散头发，假装疯癫。但纣王并未因此放过他，竟把他囚禁起来。周武王克商之后，才将箕子释放，恭敬地向箕子请教治国的道理，据说《尚书》中《洪范》一篇，便是箕子作的。武王封箕子于朝鲜，但箕子不肯向武王称臣。

③ 微子，名启，是纣王的哥哥。微是他受封的国名，子是他受封的爵号。他是王子，也是卿士。纣王淫乱，微子三番两次劝他不听，于是和太师、少师计议暂时逃走。他叔父比干甚不以为然，向纣王苦谏三日，终于被挖心杀头。周武王克商后，分封纣王儿子武庚，要他好好继续殷商的祭祀。因为殷刚平服，还没完全安定，所以武王命他的三弟管叔、五弟蔡叔辅助武庚。武王死后，成王年幼，他的四叔周公旦恐怕诸侯叛乱，就摄理国事，主持政务。而管叔、蔡叔怀疑周公别有异图，便会同武庚作乱，背叛周室。周公奉了成王的命令讨伐他们，终于诛杀武庚、管叔，放逐蔡叔，而改立微子于宋，以继承殷商的香火。

步说，你遵从周礼，未曾遵从夏礼，那你所说的古代，还不是古代啊！"（《公孟》篇）

墨子举出同时代的费仲、箕子、微子和周公旦、管叔等来反驳公孟子，况且，所谓"古"又是怎么界定呢？儒家推崇周礼，但夏比周更早，我们要复哪一代的古呢？如果说古代的语言衣服好，那么，为什么不推崇夏的语言衣服呢？这是没道理的。

又有一次：

公孟子大模大样地戴着殷代流行的高帽子（章甫），拿着朝笏①，穿着儒生的衣服，问墨子道：

"君子是先注重服饰，然后才注重行事呢？还是先注重行事，然后才顾及服饰呢？"

墨子说：

"君子所重，在于行事，不在服饰。"

公孟子说：

"何以见得？"

墨子说：

"我举例给你说明吧！

"从前，齐桓公戴着高耸的帽子，系着宽大的带子，带着讲究的金剑和木盾。

"晋文公，穿粗布衣服，母羊皮的上衣，用皮条挂剑。

---

① 笏：是一种手拿的狭长的板子，古代官员上朝时拿着，以备记录君上指示，自己所呈述也事先扼要写在上面。

"楚庄王，戴着鲜明的帽子，华丽的帽饰，穿着襟幅宽大的衣服。

"越王勾践，剪短头发，身上文身。

"这四个君主，发型服装各个不同，但是都能将国家治理得很好。

"所以，君子的行为与服装无关。"

公孟子说：

"好！你说得很对！俗语说：'晓得一桩好事时，如果不当天去实行，必定会受到灾祸。'我要即刻将朝笏放下，把殷冠换了，再来见夫子。"

墨子说：

"无须如此，就这样见我好了。如果一定要改换衣服再来见我，不又是注重服饰过于行事了吗？"

原来，儒家穿戴的是殷冠古服，推崇的是古代圣王，所以公孟子以为说古言、穿古服才算得上是仁人君子，真是迂腐得好笑！

儒家注重礼乐，当然注意服装，注重形式。

墨子重视作为，鄙视形式主义，以为服饰鲜明，并不能影响君子的内涵。

上面这一节，墨子对于儒家形式主义的批评，描写得很幽默。

《非儒》篇中也谈到这问题：

儒者说：

"君子的言语和服饰，都必定要依照古人，才合乎仁义。"

我们可以回答他道：

"所谓古代的言语与服饰，在当时制定的时候，也都是新的呀！然而，古人用这言语、服饰的，就不是君子了吗？

"那么，必定要穿不是君子所穿的衣服，说不是君子所说的言语，才算是合乎仁义吗？"

这种形式主义的理论基础是很薄弱的，是不堪一击的。

（四）述而不作

孔子曾谦称他自己"述而不作"[①]，只是传授古圣人的经典，未尝著书立说。"述"是传旧，"作"是创始。孔子删定《诗》《书》，厘正《礼》《乐》，解说《周易》，编纂《春秋》，还谦称这都只是传述先王的经典，而不是创作。然而孔子集群圣的大成，而将他们的学说整理、审定、阐述、发挥，这工作本身就是一大创作。后世的儒家学者，便把孔子这句话作为座右铭，以为君子必须"述而不作"。

公孟子曾对墨子说：

"君子不必自己创造新道，只要将古代圣王的道理加以演述就可以了。"

墨子说：

---

① 述而不作：见《论语·述而》篇。子曰："述而不作，信而好古，窃比于我老彭。"

"不对！

"最非君子的人，对于古代的善事不加以演述；对于当今的善事，也不加以创作。

"次一等非君子的人，对于古时的善事不演述，但是他自己发现新的善事，却要创作，因为他想善事出自他的创作。

"像你所说的那样，如只演述古代圣王之道，而不创造新道的话，那就与只想创造新道，而不演述古代圣王之道的没什么分别了。

"我以为不但要演述古代圣王之道，还要创造新道，这样才可以使好的事情越发多起来。"（《耕柱》篇）

其实，孔子托古立说，在演述古代圣王的事迹中，已将圣王理想化，而表现自己的主张。所以他的"述而不作"，事实上就是师古而创新。公孟子想以所学儒家学说的皮毛来攻击墨子，自然是不够的。

墨子的"三表法"，正是"述而且作"的态度。他也是托古立说，也是将古代圣王理想化而表现自己的主张，但他的重点，乃针对当前百姓耳目之情，找出问题而加以改善，最终归结在实用上，所以是"述"而且"作"。

在《非儒》篇中也提到：

儒者说：
"君子只遵循陈规，不加创作。"
墨者反驳说：

"古时候,羿①制弓,伃②制铠甲,奚仲③造车,巧垂④造船。若依照你的话说,那么现在的一般制皮与造车的工匠都是君子,而古代的羿、伃、奚仲和巧垂都是小人了。

"并且,凡是所遵循的事,起初必定有创作的人;而创作的既然是小人,那么所遵循的,也都是小人之道了!"

依照逻辑推论下来,必然是得出墨者这样的结论:
(一)创作者是小人,遵循者是君子。
(二)创作者既是小人,所遵循的便是小人之道。
这不是很荒谬吗?

(五)君子若钟

《礼记·学记》载有一段儒家答问法的要领:

"善待问者如撞钟,叩之以小者则小鸣,叩之以大者则大鸣;待其从容然后尽其声。不善答问者反此。"

儒家弟子奉此教条,答问以谨慎、保守为诫。

---

① 羿,人名,有两种说法:
一说,羿是尧时射官,尧命他诛凿齿于畴华之野。
一说,羿是夏时诸侯,是有穷国的国君,善射,后来篡夏相之位而自立,然而不修民事,为宰相寒浞所杀。
② 伃,是夏少康的儿子季伃,他发明铠甲。
③ 奚仲,是夏朝车官之长(车正)。
④ 巧垂又作"巧倕",尧时巧工。

公孟子对墨子说：

"君子应当拱着手侍立，等待国君发问。问他时，他就说；不问他时，他就保持缄默。君子好像钟一样，敲他时，他便响；不敲他时，他便不响。"

墨子回答他说：

"关于这个，说法共有三种，你现在不过知道其中之一罢了，而且你对于这一种意思也不曾弄清楚。

"倘若在暴虐无道的国家，直接规谏君主，会使你蒙不逊之名。如果通过他身边的人去规谏他，又会说你在议论他。在这种情形之下，君子迟疑着不敢率先发言，所以保持缄默。你说不击则不鸣，是在这种不得已的情况下才如此。

"如果主上治理国政，在应付国家的危难，而举措影响大局，形势紧急，好比机关陷阱一样，马上就要发动。这时，君子必定要进谏。如君主知道他的谏言会带来利益，一定会接受。所以，君子在这种场合，要不击亦鸣。

"又有一种情形，倘若君主违背仁义，发动战争，虽然拟定了很巧妙的方略，实行军事计划；但是，这个战争的目的是要侵略无辜的国家，扩张自己的领土，掠夺他国的财物。如发动这样的战争，一定会为天下所耻笑。不义的战争，对于攻人的一边以及被攻的一边，都不会带来利益。君子在这种场合，也要不击亦鸣。

"你刚才将君子比作钟，说击则鸣，不击则不鸣，是君子应有的态度。但是，你自己怎么样呢？我没有问你，你却自己来和我说话，岂不是不击而鸣吗？所以照你的理论来说，你不是君子。"（《公孟》篇）

第二章　与儒者的论战

这一节，墨子又是批评公孟子对于儒家教条没有彻底了解，一般儒者以"不击则不鸣，击则鸣"的态度作为君子的美德，而墨子则强调应随情况而异，并非一成不变。这也是儒、墨两家处世态度相异之处。

在《非儒》篇，墨者对于这个有更严厉的批评：

儒者说：
"君子像钟一样。敲他，他就发出声音来；若不去敲他，他是不响的。"
墨者驳道：
"大凡仁义之人，事奉主上，必定尽忠；事奉父母，必定尽孝。君主有善行，就加以表扬；君主有过错，就极力谏诤，这才是为人臣之道。

"现在，若敲他，他才发出声音；不敲他，他便没有声音，隐藏自己的机智，储蓄自己的力量，冷静地等问到时才对答。虽是对于国君与父母有极大利益的事，若不问他，终不讲出来。倘若有大乱将要发作，有盗贼将要叛乱，事情紧急，好像机关之将发动一样，而我独知其秘，却因国君与父母不曾问我，终不说出，这岂非大乱之贼吗？以这样的态度处世，为人臣就不忠，为人子就不孝，事奉兄长就不恭顺，交接朋友就不诚实。有些人对一切事情都以消极为美德，不肯积极发言；但一旦看到事情对于自己有利，就争先恐后地争取。如果君主所问对他无甚利益，他就拱着双手，朝下望着，好像有什么东西堵住他喉咙那样，咽着声音回答说：'这个我没有学过。'

"即使非常需要他出力,而他却走得远远的。

"大凡修道治学,行仁施义的人,大则可以治人,小亦可以任事,远者博施以济众,近者修身以立德。

"不合于义的则不处,不合于理的则不行,一切举措,无非在替天下求福利,遇着不利于天下的事,就停止去做。这才是君子之道。"

"不击则不鸣"的明哲保身的处世方式,与墨子"求兴天下之利,而除天下之害"的积极态度是相悖的,墨子是"击亦鸣""不击亦鸣"!

(六)答非所问

叶公子高[①]问孔子为政之道,说:

"善于为政的,应该怎样?"

孔子答道:

"善于为政者,疏远的应设法使他们亲附,故旧应待之如新交。"

墨子对于这个问答批评道:

"叶公子高固然问得不得当,孔子回答的也不对。叶公子高怎么会不知道善于为政的,要使疏远的亲附、要待故旧如新交呢?他要问的是为政的方法应该怎样,而孔子只是把一些人尽皆知的陈词滥调告诉人,而不能把人家所不知道的说出来。

---

① 叶公子高,是楚大夫,为叶县令,僭称公,姓沈,名诸梁,字子高。

第二章　与儒者的论战

所以我说叶公子高问得不得当,而孔子的回答也不对。"(《耕柱》篇)

这一节所说的便是儒墨二家哲学方法的不同。孔子所说的是一种理想的目的,墨子所求的是具体的进行的方法。换句话说,孔子说的是一种"什么",墨子说的是一个"怎样",这是其中最大的区别。

在《公孟》篇,也有同样的问题:

墨子问一位儒者:

"为什么要作音乐?"

儒者说:

"为了听音乐而作音乐!"

墨子说:

"你没回答我的问题。现在我问你:'为什么要造房子?'

"你如果说:'冬天可以避寒,夏天可以避暑,并且隔绝内外,可以令男女有分别。'

"这样才是将为什么要造房屋的缘故告诉我了。

"现在我问你:'为什么要作音乐?'你只说:'作音乐是为了听音乐',这就如同我问你:'为什么要造房屋?'而你回答说:'造房屋是为了需要房屋。'不是等于没有回答吗?"

儒者和墨子回答的都是一个"为什么",可是墨子要深切得多。墨子用这浅近的例子,来说明儒墨二家的哲学方法的不同。

（七）不能兼爱

巫马子对墨子说：

"我和先生不同，我不能够行兼爱。我爱邹人胜过越人，爱鲁人胜过邹人，爱我同乡的人又胜过鲁人，爱我家里的人又胜过乡人，爱我的双亲又胜过家人，爱我自己的身体又胜过双亲。因为离我越近的人，我越关切。人们爱与他相近的人是当然的。

"我如果受到殴击，我会感觉到痛；别人被殴击时，我感觉不到痛。这样说来，我为什么痛的不去保护，反而保护不痛的呢？

"所以，我只有杀他人以利我，绝不会杀我自己去利他人。"

墨子说：

"你这种想法，是预备隐藏在心里不给人知道呢？还是预备告诉人家呢？"

巫马子说：

"我为什么要隐藏我的意思？我可以公然而堂皇地宣布出来。"

墨子说：

"那么，假如有一个人信奉你的道理，这一个人就要杀死你以利他自己；假如有十个人信奉你，这十个人就要杀死你；假如天下人都信奉你，天下人都要为自己的利益，将你杀死！

第二章 与儒者的论战

"相反的,如果有一个人不赞成你的理论,这一个人就要杀你,因为他以为你用这种不祥的话来迷惑众人;如果有十个人不信奉你,这十个人就要杀你;如果天下人都不信奉你,那么天下的人都以为你在用不祥的话惑乱众人,都想要杀死你。

"信奉你的要杀你,不信奉你的也要杀你,这就是所谓祸从口出。你宣布了你的意见,却给自己招来杀身之祸!"(《耕柱》篇)

儒家是反对兼爱的,儒家讲"仁爱",最重"亲亲之杀(差等)",他们所讲的爱,是有层次、有厚薄、有分别的。但是墨子认为这种"仁爱",尚无法祛除自私自利的心。人们的自私自利的心念不除,发展到严重时,很可能做出杀人利己的勾当来。如果人人杀人以利己,天下便永无安宁的日子了!

所以,墨子的"兼爱"便是要祛除人们自私自利的心,他要人们以理智克服感情,视人身如己身。这并不是很难做到的事,只是愿不愿意去做而已。

不过,我们细作推求,墨子这番话是有些近乎诡辩的,我们姑不论自利之心是否人类一切作为的原动力,因为先求立己,再去立人;先能自保,再去卫人,这种私心是人类的本性,是无可厚非的。把这种自私之心扩大,有己无人,当然会制造出许多问题来;但是要求完全根除这种私心,恐怕也就同时消灭了人类上进努力的动力。所以,儒家讲爱有差等,比墨子兼爱之说平实得多。

但自私的动机,尽管是人类的天性,是人人都有的,却不能宣布出来；宣布出来，便是强调它。自私自利，当然是不宜强调的，那样便将成为你争我夺的世界。巫马子在墨子紧迫追问之下，过分强调了自私自利的主张，甚至说出"只有杀人以利己，不会杀己以利人"的话来，不免被墨子抓到把柄。其实，巫马子只是说明爱有差等的道理，并非鼓励人人自私自利，杀人利己。墨子却将他的论调引导而发挥，使它成为一种鼓励、一种主张。所谓渲而染之，已经犯了逻辑上的扭曲论点的毛病。但即使如墨子所强调的，墨子的话中又何尝不是充满了矛盾呢？

譬如说，自私自利真是一种主张，有人信奉了，为什么非要杀巫马子不可呢？杀与不杀之间，当然还要以"自私自利"作为衡量，并不是人人自私，便非杀尽天下人不可，这是一。反过来说，如果反对自私自利，那就是爱人利人的人。爱人利人，又何必使用杀戮的手段？施以杀戮的手段以铲除与自己意见不合的人，又岂是爱人利人者的做法？因此，我说墨子这段话是近乎诡辩的。

不过，我们要了解一家的思想，应当配合它的时代背景看。墨子所处的战国时代，正是人们自私自利的心发展到极具高度的时代。所谓医恶疾以猛药，墨子的论调之中，加以若干的强调，也并不是没有原因的。

（八）行譬狗豨[①]

有一个子夏的徒弟问墨子：

"君子有争斗吗？"

[①] 豨：汉扬雄《方言》说："南楚称猪为豨。"

墨子说：

"君子没有争斗。"

子夏的徒弟又说：

"猪狗尚且有争斗，哪有士人反而没有争斗的道理呢？"

墨子叹道：

"悲哀啊！悲哀！言语则称述禹、汤、文、武，行事则譬喻于猪狗，真叫人伤心啊！"（《耕柱》篇）

这段话说得很有趣，是墨子对儒者的讽刺。儒家谈理论则祖述三代圣王，满口仁义道德，而实际行为则比拟于猪狗畜生。这样的儒者，墨子真为他们感到悲哀。

儒者的言行脱节，正是墨子所最不齿的。

（九）乱天下的贼

儒者这样说：

"君子打胜仗后，不追逐败逃的敌人；敌人卸下了甲衣，就不再射杀他们；敌车走入了岔道被困住了，则帮助他们推车子。"

墨者反驳道：

"这有两种情形，不能一概而论：

"倘若两方面都是仁义的人，那么就不会打了。因为仁义之人，若将是非曲直之理加以辨明后，如果是自己无理，必定就去听从有理的一方；如果知道自己的行事不对，必定就去听从行事对的一方。自己无词解说，必定折服；看见一件好事,必定要效法,改正已往的过失。这样怎么会互相敌对呢?

"倘若双方都是残暴的人,互相争斗,战胜的一方虽不追奔逐亡,不射杀解除武装的敌兵,敌人车子陷住了就帮助他们,这些尽管都能做到,也不能算是君子。因为争斗的是好乱之士,战争既是他们所发起的,怎么可以说是君子呢?

"假定这里有暴虐无道之国,圣人为了要替世人除害,兴兵诛罚他们。如果在战胜时,用儒家的方法,下令士卒:'不可追奔逐亡,不可射杀解除武装的敌人,敌车陷住了要帮助他们推车子。'这样暴乱的人就可以不死,天下的祸害终不能除去,这乃是残害天下人的父母,深深地破坏了这个世界。不义的行为没有比这更大的了。"(《非儒》篇)

仁义的施行,要看对象而定,对于无辜的百姓,该施以仁义,所以墨子主张"非攻";倘若对象是残暴有罪的人,若也施以仁义,那就永远无法为世人除害了。这不等于毒害天下百姓吗?

儒家的仁义,近乎迂腐;墨家则讲权宜,凡事斟酌情形而行。《大取》篇中说:

> 在所做的事情中,衡量它的轻重叫作"权","权"不是为了定是非,它不能衡量是非,"权"只是一种衡量轻重的标准。
>
> 譬如砍断手指以保全手腕,那是在利益中选取大的,在害处中选取小的。
>
> 在害处中选取小的,并不是选取害处,而是选取利益。

因为他所选取的，是不可避免的、不得已的。

譬如，遇到强盗而砍断手指，以免除杀身之祸，那是利；遇到强盗，是害。砍断手指与砍断手腕，对天下的利益相似，那是没有选择的；甚至只要有利于天下，就是生死，也皆无选择。

这话说得很清楚了，有时表面上看来明明是有害的事情还要去做，如断指，不是和实利主义相违背？其实不然，因为是利多于害才取它，取它毕竟是取利，不是取害。反之，害多于利的事情，则万不能取。攻国的害便多于利，所以攻国是万不能行的。

诛讨有罪之国，不免要使用武力，战争要牺牲百姓生命，这是不利的；但如果此一战争是为天下大多数的人求利除害，而利多于害，则是该行的。墨子于此特别用"诛"与"攻"二字作为区别，他以为"诛有罪"是义，"攻无辜"是不义。诛有罪既是为民除害，就要彻底，否则又将给世人留下祸根。

（十）强执有命

公孟子说：

"贫穷或富有，寿考或夭折，都由天命所定，是不能够加以更改的。"

他又说：

"君子必须要求学。"

墨子说：

"既教人求学，又要执有命的说法，就好比叫人束发整

冠,却又命人将他的冠带去掉一样。"(《公孟》篇)

如果贫富寿夭都由天命所定,人的努力不能更改,不能增减,那又何必求学,何必努力上进呢?

《非儒》篇说得很深刻:

> 儒者强执有命之说,以为:
> "寿考与夭折,贫穷和富贵,以及安危与治乱,都有天命,人是不能加以更改的。
> 穷困与得意,获赏与遭罚,吉凶祸福,都是有一定的命运,人的智力是不能改变的。"
> 一般官吏相信了这些话,或懈怠于自己的职责;老百姓相信了这些话,就懈怠于自己的工作。官吏不认真办事,政治就要混乱;农人不加紧耕种,国家就要贫穷。贫穷与祸乱,就是败坏政治的根本,而儒者却以为这是教化之道,可见儒者实在是贼害天下的人!

孔子信天命,儒家末学更信命定之说,以为一切都由天定,人力是不能更改的。墨子则大不以为然,他以为天的旨意是要人兼爱,不是要人相害,又以为鬼神能赏善罚暴,所以他说能顺天之志,能中鬼之利,便可得福;不能,便将得祸。祸福之有无,全靠个人自己的行为,全出于各人的自由意志,并不由命定,所以他提倡"非命"。

若像儒者所说贫富寿夭、祸福赏罚都由命定,那便不做好事而或可得福;不做恶事,或可得祸了。若人人都信命定之说,便没有人努力去做好事儿了。

（十一）丧葬的叫花子

儒者制定了许多繁缛的礼乐，蛊惑人们。

设久丧之礼，假作悲哀，以欺骗他们的父母。

创有命之说，令穷人不肯尽力地做事儿，而反尊重骄矜自大的人。

违背为政之本，令人民荒废了自己的事业，反甘心懒散傲慢。

儒者好吃懒做，因此经常陷入饥寒冻馁的险境，就像乞丐一样；得到一点食物，就收藏起来，像田鼠一样；对别人若不满意，就吹胡子瞪眼，像一只公羊；发起怒来，咆哮而起，又像一只阉猪[①]。君子笑他，他就怒道：

"你们这些无用的人，哪里了解贤良的儒者呢！"

他们夏天向人家乞讨麦子，等到五谷都已收成，大户人家办丧事的时候，他们很快地就变成殡葬的帮手，而且带着一家人前往大吃大嚼。

等到办完几家丧事儿，他们的生活就可以解决了。

他们是：分他人的家财以自肥，靠他人田中的收获过日子，富人一有丧事，他们便高兴得不得了，说：

"衣食的机会来了！"（《非儒》篇）

---

① 阉猪，是去势的公猪。猪性懒惰，看到有吃的才起来。这是形容儒者好吃懒做，只会觅食的意思。

这些话极尽讽刺之能事，真把儒者挖苦得不成样子。

墨家是主张劳作神圣的，而儒家刚好不事生产，在《论语》中已有隐士荷蓧丈人调侃孔子"四体不勤，五谷不分"。（《论语·微子》篇）儒士多半是上层社会的失业流民，做点相礼的事情，所以公孟子戴着殷冠，穿着儒服，手持朝笏去见墨子，这大概就是相礼时所穿的礼服。

儒者平时读书，高谈阔论，自命不凡，颇有优越之感，难怪代表劳动阶层的墨家要把他们看作社会的寄生虫。每到秋收后，大户人家办丧事，也正是相礼的儒者最忙碌的时候。儒家提倡厚葬久丧，其义原托于孝，是对亲情的一种追怀悲悼的表示，其动机本来无可厚非。但厚葬久丧便不免产生许多繁文缛节，使得礼隆而事繁，也就越发不可缺少相礼的角色，因此造成儒家末学者流很多噉食的机会，乃至更有全家光临的现象。墨者原本就对儒家厚葬久丧之道不满，认为是一种浪费，再加上这种穷凶极恶、吃遍丧家的作风，自然都成了墨者丑诋儒家的资料了。

（十二）矛盾的礼

儒者说：

"'亲近亲人有次序，尊重贤人有等级'，这是说亲疏、尊卑各有不同。"

然而儒家的礼节，对于服丧时间的长短，却又是这样规定的：

父母的丧期三年。

妻和嫡长子的丧期三年。

第二章　与儒者的论战

伯父、叔父、弟兄和庶子的丧期一年。

亲戚族人的丧期五个月。

如果以亲疏关系来定丧期的长短,越亲近的越长,越疏远的越短,那么,妻与嫡长子和父母丧期相同是可以的。如果以尊卑来定,辈分越尊的越长,越卑的越短;那么,妻子、嫡长子与父母相同,而反将伯父、宗兄(本族的嫡男)和庶子同丧期,这不是很悖逆的吗?这可以说完全矛盾。

儒者的礼又规定:父母死后,暂将尸体陈列着不收殓,而要爬到屋顶上,或窥探井户,或挑掘鼠洞,或查看洗涤器具,去找寻他们的灵魂。假如他们以为死者的灵魂会藏匿在那些地方,那他们真是太愚蠢了。假如明知道没有灵魂,还要这样去找,那就太虚伪造作了。

儒者娶妻时,要行亲迎之礼①。新郎亲自去迎亲,新郎要穿上黑色礼服,为新娘当仆御。新娘上车时,新郎将绥(上车时拉着的皮带)交给新娘,他自己手执辔绳赶车,好像儿子侍奉父母亲一样恭敬。举行婚礼时,礼仪隆重,又像在祭祀祖先那样。

像这样,儒者将上下关系倒置,未免蔑视父母,将父母降低得和妻子一样,把妻子抬高得和父母同等,妻子侵犯了父母的地位。这样可以算是孝顺吗?

儒者对于这个辩解说:

"妻子,是要和他共奉祭祀的;生了儿子,才有人承守宗庙,因此要敬重她。"

---

① 亲迎之礼:是结婚当日,新郎往迎新娘的仪式。据《仪礼·士昏礼》中记载,娶妻须经过:纳采、问名、纳吉、告期等,最后才是亲迎之礼。

我们可以告诉他：

"这是胡说！他的宗兄守他祖先的宗庙数十年，死后只为他守一年的丧，兄弟的妻也奉先人的祭祀，死后不为她服丧。可见得妻子死后，守三年的丧，这必定不是因为守宗庙奉祭祀。

"偏爱妻子，对妻子特别的优厚，这罪过已经很大了，还要假意说这是尊重父母。为了厚待自己最亲的人，而轻忽那些应当尊重的亲人，这岂不是很卑鄙吗？"（《非儒》篇）

这里批评的是儒家的"亲亲之杀，尊贤之等"（《中庸》），与由此产生的礼节之间的矛盾。亲亲出于情感，尊贤则出于理智。孔子注重"君君、臣臣、父父、子子、夫夫、妇妇"的伦理关系，在个人而言，父子、夫妇的关系最亲密，所以儒家所制定的婚丧祭礼以父母妻子为重。妻子与父母之丧，同服三年，伯父、叔父、堂兄、庶子则为一年，其他亲人五月，甚至无服。这岂非违反了尊贤之道？然则儒家的亲亲与尊贤二者之间是不可调和的。这是儒家自相矛盾之处，也是情感与理智的冲突。

（十三）儒者强过婴儿吗？

公孟子说：

"三年之丧，是学婴儿的依恋父母而制定的。"

墨子说：

"婴儿知识甚浅，他们只知道依恋父母而已。得不到父母的哄护，就会号啕痛哭不止，这是什么缘故呢？就因为他

第二章　与儒者的论战

们愚笨之极。现在儒者学婴儿的依恋父母而制定三年之丧，儒者的智慧，比婴儿又好到哪里去呢？"（《公孟》篇）

孔子曾说："子生三年，然后免于父母之怀。"（《论语·阳货》篇）孔子认为儿女生下来三年，才能离开父母的怀抱；所以父母死后，儿女也要守丧三年追念父母的恩情，才能心安。公孟子的话便是指此，但未了解孔子的深意，所以反过来说，又给墨子抓到了攻击的话柄。

孔子弟子宰我曾经反对过三年之丧，他觉得三年的守丧期太长，即使一年也够久了。孔子曾经批评他"不仁"。

墨子也觉得三年之丧太长，一方面儒家制定三年丧期的理由薄弱，而且这么漫长的时间，什么事都要停止不做，而且不只对父母守丧，对国君、对妻子、对长子的死，都要守三年的丧，此外亲戚族人的死，也都有或长或短的丧期，人们浪费在这方面的时间和精力实在太多了，所以墨子极其反对久丧。像：

墨子对公孟子说：

"按照儒家的丧礼：国君、父母、妻子和长子死后要守三年的丧。伯父、叔父、兄弟死后，要守一年。本家亲戚死了，要守五个月。其他如姑姑、姊姊、舅舅、外甥死了，也都要守几个月的丧。

在不守丧的时候，又要去学习音乐，吟诵的诗有三百篇，鼓奏的诗有三百篇，歌唱的诗有三百篇，佐舞的诗有三百篇。若照你的话去做，去治儒家的礼乐，那君子哪一天才有工夫去治理国事，人民哪一天才有工夫从事工作呢？"

公孟子说：

"国家倘若混乱，就去治理国家；国家倘若太平，就去考究礼乐。国家倘若贫穷，就去努力生产；国家倘若富足，就去研究礼乐。"

墨子说：

"你错了！

国家之所以会太平，就是因为有人去治理它；若不去治理，国家立刻就会混乱的。

国家之所以能够富足，就是因为有人在勤劳地从事生产；若不勤于生产，国家立刻就要转为穷困。

所以，治理国家必须黾勉无已，然后才能长治久安，永远富足。

现在你说：'国家治理后，就去考究礼乐；等国家乱了，再去治它。'这譬如一个人等到哽噎时，再去凿井取水喝；人死了，再去找医生一样。

古时三代的暴戾的君王，如桀、纣、幽、厉等，只顾考究音乐，不顾人民的疾苦，结果自己身被刑戮，子孙也因之绝灭，国家也因而灭亡，成为废墟，都是这样做的结果。"（《公孟》篇）

墨子不但反对久丧，也反对儒家所倡导的礼乐。从事礼乐，对于时间、精力、物质各方面的浪费都无法估计，对于国家百姓是毫无利益的。

孔子只注意行为的动机，而不注意行为的效果，所以他认为人的真性情的流露，只须合乎礼，便是好的；至于其结果有利与否，他不十分注意。

墨子则与孔子相反，除了动机外，处处要问进行的方法和进行的效果。凡事对于国家百姓有利的才去做，无利的便舍弃。

这便是孔墨二人哲学方法不同的地方。

（十四）无客而学客礼

公孟子说：

"鬼神是没有的。"

公孟子又说：

"君子必须学祭祀。"

墨子驳道：

"你既然不相信鬼神的存在，何以又要去学祭祀之礼呢？就如同知道没有客人，却还要去学招待客人的礼节；没有鱼可捕，还要去结渔网一样。这不是很可笑吗？"（《公孟》篇）

儒家不信鬼神，却讲丧礼祭礼，不过是想用"慎终追远"的手段，达到"民德归厚"的目的而已。（《论语·学而》篇）墨子深不以为然。他倡明鬼之论，是由于忧虑人们的行为没有一种制裁的力量的话，会做出昧良丧德的歹事来，所以极力说明鬼神之存在，并能作威降福，赏善罚暴。他的宗旨也是要"民德归厚"，但他不肯学儒家"无客而学客礼""无鱼而为鱼罟"的手段，他是真的要人相信有鬼神的。

第三章 对孔子的批判

第三章　对孔子的批判

对孔子人格的批判，见于《非儒下》篇[①]，在前面第二章，我已说过：《非儒》篇不是墨子作的，也不是墨子语录，而是墨家后学所作。

墨子因不满于儒家亲亲、贵贵、繁礼、正乐、厚葬、久丧、信命、疑鬼诸说，而倡兼爱、尚贤、尚同、非乐、节用、节葬、非命、天志、明鬼之论。所以墨子十论除"非攻"，几乎都是针对儒家思想而发。如上章所述，墨子与儒者论难甚炽，而儒家末流对墨者亦肆加讪谤，故墨家后人不甘示弱，遂有"非儒"之作。

攻击儒家，自然不会放过儒家首脑人物——孔子。

《非儒》篇中列举孔子五事，攻讦孔子欺世盗名、表里不一，说的是冠冕堂皇的言论，行的是卑鄙龌龊的情事儿。孔子尚且如此，其门人弟子的行为更可想而知了。

《非儒》篇中，墨者极尽攻击之能事。但我们要注意：文中所论多不是事实，是墨者故意捏造出来毁谤孔子、影射儒者，借此来攻击儒家的。

在描述孔子行事以前，墨者先发表了一番议论，说：

> 大凡治道术、讲学问、行仁义，它的目的都是一致的。大者君主可用以治天下，小则官吏可用以理政务；远则可以普施德泽，近则可以修养自身。
>
> 凡是不合于义的就远离它，与理相悖的就不去做。尽力做有利于天下的事儿，对天下不利的事则一概不为，这才是

[①] 《非儒》本有上下两篇，现在上篇已佚失，只有下篇传世。

君子该行之道。我所听到的有关孔子的行为,根本与此相反。

现在,就让我们来看看这五则故事究竟把孔子描述成什么模样。

(一)孔子参与白公之乱

齐景公①问晏子②,孔子的为人怎么样?

晏子没有回答。

景公又问他,他依然不回答。

景公觉得很奇怪,说道:

"对我提到有关孔某事情的人很多,他们都说他是贤人。但是我问你,你却不回答,这是什么缘故呢?"

晏子这才说:

"我很愚笨,不配知道谁是贤人。但是,我听说所谓贤人,若是到了人家的国家,必定要尽力促使该国君臣亲密,并且消除上下的仇怨。

"但是,孔某到了楚国,知道白公③将要作乱的阴谋,不但不加劝止,反而安排勇士石乞去帮助他,以致楚君险遭杀害;

---

① 齐景公,春秋时齐国的国君,名杵臼。
② 晏子,名婴,平,字仲,所以又称晏平仲。他曾担任过齐国灵公、庄公、景公三位国君的宰相,以节俭力行为人所尊重。后人将他的行事以及谏议编辑成一本书,叫作《晏子春秋》,到现在还留传着。
③ 白公名胜,是楚平王的孙子,太子建的儿子,从小流亡在吴国。鲁哀公八年(公元前487年)被召回楚国,十六年叛乱,没成功而被杀,详见第一章第四节(一)注。

好在楚君被救，而白公终被诛戮。

"我又听说，一个贤人若得到君主的信任，就应该尽力报答君主；得到人民的信任，国内一定不会有危险发生；他的意见如果为国君所听取，对于人民一定有利；他的教化如果能施行于民间，对于君主也一定有利。

"所以，贤人说话要清楚，让人听了容易明白；行事要明确，让人看了容易遵循；行义可以让人民所共晓，计谋可以让君臣所共知。这样，人民才能以贤人为楷模，君臣上下才能理解贤人的想法。

"但是，孔某怎么样呢？

"孔某使用谋略帮助谋反的人，竭尽自己的机智和力量，来进行这邪恶的事情。鼓励民众背叛国君，唆使人臣杀害君主，这绝不是一个贤人所应有的行为。

"到人家的国内，参与该国的叛乱，这绝不合乎义；知道臣下不忠，不但不加劝止，反倒促使叛乱，这哪里是仁义的行为呢？

"而且，孔某逃开人后，才敢计谋；避开人后，才肯说话；行义不能够公开于人民，无法使人民明了他的行为；计谋也不能够公开于君臣之间，使君主和臣下知道他的谋划。

"我实在不知道孔某与那叛乱的白公有什么两样，所以不敢回答。"

景公听之以后，叹道：

"唉！向我进言的人很多，但是如果没有听到夫子这一席话，我这一辈子都无法知道孔某与白公相同哩！"

墨子：救世的苦行者

孔子果真参与白公叛乱的阴谋，安排石乞去协助白公，促成白公反叛楚王吗？姑不论这是不是事实，这段故事，在年代上就有大漏洞。

孔子到楚国，是在楚昭王二十七年（公元前489年），也就是鲁哀公六年的时候，那年孔子六十三岁（据《史记·孔子世家》）。因遭楚令尹（宰相）子西的猜忌，在楚国没停留多久，孔子便到卫国去了。那时候，白公还流落在吴国。白公回楚国是楚惠王二年（也就是鲁哀公八年）的事。那时孔子离开楚国已两年，而这期间孔子也未到吴国，不可能与白公会晤且介绍石乞给他。这是一。

白公与石乞作乱，在鲁哀公十六年（公元前479年）秋天。孔子却是那年四月死的。齐景公更是早已去世十二年，而晏婴比景公死得还早。孔子固不可能介入白公之乱，晏婴尤不可能与景公谈论此事。这是二。

因此，这段话绝对不是事实，显然是墨者捏造来诬罔孔子的。

不过，诬罔归诬罔，我们从这儿可以看出：墨者是赞成贤人"入人之国，务必要促成君臣间的亲密，消除君臣间的仇怨的"，而战国时代，部分活跃在各国政坛上的儒者，不免有兴风作浪，助纣为虐，"劝下乱上，教臣杀君"，帮助乱党的嫌疑。所以，墨者把这些罪过统统放在孔子头上，借以痛骂儒家。

（二）孔子报复齐景公

孔某到齐国去见景公，景公很高兴，想把尼谿的地方封给他。景公将这意思告诉晏子，晏子说：

"不可以，儒者傲慢不恭，任意妄为，只知摆一副学问

第三章 对孔子的批判

渊博的脸孔,所以不可以令他们去教化人民;他们喜欢音乐,容易让百姓荒淫堕落,所以不可以使他们去治理一个地方,管理一方百姓;他们创立命运之说,怠弃一切工作,所以不可以让他们去奉守职务;他们重丧久哀,只知尊重死者,不能慈爱人民,所以不可以教他们去保育人民;他们高冠儒服,恭谨斯文的样子都放在表面上,这种人不可以教他们领导大众。

孔某讲究修饰外表,以蛊惑世人;弹琴唱歌,鸣鼓舞蹈,以招聚门徒;制定许多升降的礼节①,以表示礼仪的隆重;致力于进退周旋之间,以炫耀于人。

他学问虽然渊博,但不可以为世人法则;思想虽然精深,对于百姓却无补益。

他渊博的学问,让人几辈子都学不尽;繁重的礼节,即使有再好的体力,穷尽一生也难奉行;他演奏音乐的花费,虽然储蓄得有钱财也供养不起。他创制许多邪僻的学术去惑乱人君;他鼓吹音乐,使愚笨的人民为之荒淫无度。他的道术,不可以救济当世;他的学问,不可以领导众人。

现在,王上想封他,想让他来教化人民,改善齐国的风俗,那是大错特错。他是不能指导国家引率人民的。"

景公听了说道:

"这话对!"

于是景公收回成命,不封孔某。虽然齐景公很恭敬地接见他,但不问他的道术。

---

① 升降的礼节:原文作"登降之礼",即指行礼时一升一降。

孔某因此心中怨恨，恼怒景公和晏子，于是把鸱夷子皮①介绍给齐国奸臣田常②，并且将他报复齐国的计划告诉了南郭惠子③，便回到鲁国。

过了不久，听说齐国将要出兵攻打鲁国，孔某乃对他的弟子子贡④说道：

"赐！现在是举大事的时候了！"

于是孔某派子贡前往齐国，通过南郭惠子以进见田常，劝田常起兵攻打吴国；又教齐国高、国、鲍、晏四大族不得妨碍田常的行动。

另外，子贡又去劝越国出兵袭取吴国。三年之内，齐国和吴国受到破国之祸，国土荒芜，尸体遍野，死亡人数以数十万计，这都是孔某的阴谋！

关于孔子参加田常谋叛一事，《庄子·盗跖》篇也曾提到："田成子常杀君窃国，孔子受币。"但是《庄子》多寓言，书中所说的事情多半不是真的。

---

① 鸱夷子皮，即范蠡别名。范蠡，春秋楚人，事越王勾践二十余年，苦身勤力，终于灭了吴国，尊为上将军。因知越王为人，只能共患难，不能共安乐，于是离开越国，变易姓名，到齐叫鸱夷子皮，到陶称朱公，经商成巨富，自号陶朱公。

② 田常即陈恒，谥号成子，又称陈成子，因他先祖陈完奔齐改姓为田，所以又名田常。陈恒仕齐简公为大夫，执政，后弑简公而篡位。事在鲁哀公十四年（公元前481年）。

③ 南郭惠子，春秋时人，《荀子·法行》篇有"南郭惠子问于子夏"的话，但有关他的事迹，无法考证。

④ 子贡，春秋卫人，姓端木，名赐，字子贡。他是孔子的得意弟子，有口才，能料事；又善于做生意，家产千金。他做过鲁国、卫国的卿相，也曾游说吴国出师攻打齐国以保存鲁国。子贡很受当时诸侯敬重，所到之处，诸侯没有不礼遇他的，最后死在齐国。

第三章　对孔子的批判

据《史记·货殖列传》记载，范蠡帮助越王勾践灭了吴国后，知越王难于共安乐，乃离开越国到齐国经商。他离开越国后才变易姓名为鸱夷子皮，已是孔子死后的第六年，齐景公也已死去十七年了，哪里还会有孔子为报复景公，而安排鸱夷子皮在奸臣田常门下的事情？再说，田常弑简公篡位，时当鲁哀公十四年（公元前481年），那时越还没灭吴，范蠡也没离开越国。

《非儒》篇这段故事和《盗跖》篇一样，都是杜撰的。他们是故意捏造出来诬诋孔子的。《论语》里所说的与这完全相反。《宪问》篇说：

> 陈成子（田常）弑了齐景公，孔子便沐浴斋戒后上朝，告诉鲁哀公说：
> "陈恒弑了他的国君，请君上出兵讨伐他！"
> 鲁哀公说：
> "你去告诉三家①吧！"……
> 孔子去请求三家，三家不肯出兵讨伐陈恒。

孔子是如此厌恨臣下弑君篡位的事情，所以斋戒沐浴，郑重其事地去请求讨伐逆贼，据说因鲁国君臣上下对这件事都无动于衷，孔子遂伤心得绝笔不写《春秋》了。可见孔子反对乱贼的立场是何等坚决，全不像墨家所说的这回事！

诬诋归诬诋，《非儒》篇这段故事，显然是借晏子来批评儒

---

① 三家，即鲁三大夫：孟孙、叔孙、季孙三家，也就是前面第一章第四节（三）注所说的"三桓"。因这时鲁国政权在这三家手中，所以哀公不敢做主。

家的重乐、信命、厚葬、久丧与繁文缛节、虚伪侈靡。这些都是墨家极力反对的。

（三）孔子是大力士

孔某在当鲁国司寇①时，不顾鲁国宗室，反去事奉权臣季孙氏。季孙为鲁国宰相，后来因为获罪，企图逃奔国外。逃到城门口时，守关的人将悬门放下，季孙不能出去而和守关人争斗。孔某用力把关门托起，放季孙逃走。

孔子真是能文能武，够得上文武全才了！孔子"力能举国门之关"②一事，又见于《吕氏春秋》《淮南子》《列子》诸书，然而却没有说他的举关是为了季孙氏。孔子会有千斤大力，真是有趣！

我们翻开《论语》来看，孔子对于专揽鲁国大权的季氏是相当不满意的。如《八佾》篇说：

孔子向人批评季氏说：

"季氏用天子的八佾③，在他家庙的中厅上舞乐，像这样的僭礼的事都能忍心做出，他还有什么事不能忍心做的呢？"

---

① 司寇，官名，掌刑狱，相当于现代的司法官。
② 《吕氏春秋·慎大》篇说："孔子之劲，能举国门之关，而不肯以力闻。"
③ 八佾：天子的舞乐。佾，是舞的行列。八佾，以八人为一列，共八列，六十四人。各执乐器，舞于祖庙。

第三章 对孔子的批判

《八佾》篇又说：

季氏要去祭祀泰山①。孔子对冉有②说：

"你不能设法谏阻这件事吗？"

冉有回答说：

"我不能。"

孔子听了叹息说：

"唉！难道泰山的神还不如林放③知礼④吗？"

《先进》篇又记载了孔子严斥冉有助季氏搜刮民财的事：

季氏的钱财比周公还要多⑤，而冉有却还要帮他尽力搜刮，使他更加富有。

孔子说：

"冉有不配做我的学生！你们可以揭发他的罪过而攻击他，斥责他⑥！"

---

① 原文作"季氏旅于泰山"。旅，祭名。泰山，山名，在鲁境。古时天子祭天下名山大川，诸侯祭自己国内的山川，大夫只能祭家庙。现在季氏祭泰山，乃僭越诸侯礼，这表示他心目中已没有鲁君。

② 冉有，孔子弟子，名求，这时当任季氏家臣。

③ 林放，春秋鲁人，一说为孔子弟子。《八佾》篇有"林放问礼之本"事。

④ 这句话的意思是说泰山之神是绝对不会享受季氏违礼的祭祀的。

⑤ 《朱熹集注》说周公是王室至亲，有大功，位至冢宰（周代官名，即百官之长），他富有是应该的。而季氏只是诸侯之卿，财富却超过周公，这不是攘夺国君，或剥削人民，否则哪来这么多钱财？

⑥ 原文作"小子鸣鼓而攻之可也"。"小子"，是老师命学生之辞。"鸣鼓而攻"，本指作战时击鼓命士卒进击的意思，这儿引申为声讨其罪。

季氏擅用了天子的乐舞与诸侯的祭乐，惹起了孔子如此大的不满；而冉有为季氏敛财，孔子还叫学生们声讨他；季氏曾礼聘孔子弟子闵子骞做费邑的邑长，闵子骞尚且严词拒绝了(《论语·雍也》篇)，那么，孔子怎么会做"不顾鲁国宗室，而事奉季氏"的事呢？又怎么会帮助季氏非法逃离鲁国呢？

可见这又是墨者蓄意中伤，故意附会的。

（四）孔子伪善

> 孔某被困在陈蔡之间，连着十天，都只吃点野菜藜草充饥。子路弄到一只小猪，烧给孔某吃，孔某不问肉从何处来的，赶忙便吃了；子路剥下别人的衣服，去沽酒，孔某也不问酒自何处来，赶忙便喝了。
>
> 后来鲁哀公迎接孔某回去，设宴款待他时，孔某见座席不曾铺正，就不肯坐下；见肉不曾切得方整，就不肯吃。
>
> 子路走上前，率直地问道：
>
> "怎么和在陈蔡时不同呢？"
>
> 孔某说：
>
> "我告诉你：当时我们是急于求生，现在我们是急于行义，所以不同。"
>
> 墨者评道：饥饿困穷时，就不惜妄取酒食以求生；到了饱足有余时，就矫揉造作，为自己文饰。卑污邪恶，狡诈虚伪，还有比这更甚的吗？

孔子困于陈蔡间的事是有的，但《论语》只讲到绝粮。像《卫

第三章　对孔子的批判

灵公》篇说：

> 孔子走到陈国时，粮食断绝了，跟随的学生们都饿病了，爬不起来。子路脸上现出怒怨的神色，问孔子：
> "君子也有穷困的时候吗？"
> 孔子说：
> "君子固然免不了有穷困的时候，但是纵使处于穷困之境，仍能安贫乐道，不受环境左右。小人就不同了，小人在穷困的时候，则不按正道而乱来了。"

这一段所说和《非儒》篇刚好相反。《庄子》中《山木》《让王》二篇也说孔子被困于陈国时，仍然唱歌弹琴，因为他内心反省不愧疚于道，所以面临危难还能如此镇定、达观。

《史记·孔子世家》说：

> "（孔子）于是叫子贡去楚国求救，楚昭王兴兵迎接孔子，孔子才免于难。"

事实如此，而墨家却渲染得过分，把孔子描写得穷相毕露，甚为不堪，对孔子实在是很大的侮辱！

这一段故事，一方面诬蔑孔子，以打击儒家；另一方面也是借此讽刺当时一般儒者酒足饭饱之时，讲礼乐，说诗书，道貌岸然，一遇困厄，则丑态毕现。"卑鄙邪恶，狡诈虚伪"，什么都来。这种讽刺，不只针对孔子，也是针对一般儒者而发。

·099

墨子：救世的苦行者

（五）孔子心术

有一天，孔某和弟子们闲坐聊天，孔子放言高论，说道：

"舜为天子，见到父亲瞽叟，觉得以父为臣，很感踧踖不安。这时候，天下也就岌岌可危了。周公旦不能算是仁义之人吧！他弃家室于不顾，寄寓在外面①，怎么可以说是仁义之人呢？"

孔某的心术与其行事，由此可见一斑。因为他的行为，是他的心术的表现。

孔某的弟子们都以孔某做他们的榜样，一个个心怀不轨，把天下搞得乌烟瘴气。例如：

子贡和子路帮助孔悝在卫国发起叛乱。②

阳货在鲁国用事，遂使鲁国发生内乱。③

---

① 周武王死后成王即位，成王年幼，由他两位叔叔周公旦及召公奭共同摄政。另两位叔叔管叔和蔡叔不满意，在外面散布谣言说周公要篡位。于是周公辞去三公的职位，避居到东方，以表明心迹。详前。

② 子路发起叛乱是鲁哀公十五年（公元前480年）的事，在孔子死前一年。当时，子路是卫大夫孔悝的家臣。当初，卫灵公有宠姬叫南子，太子蒯聩得罪了她，惧诛而出奔国外。灵公死，卫人立蒯聩的儿子辄为君，是为出公。出公即位十二年，他父亲蒯聩乃与孔悝作乱，率其徒属攻击出公，出公奔鲁，而蒯聩入卫，立为庄公。而勇敢重义的子路便是牵涉到这次父子争位的政变中而牺牲的。在孔悝和蒯聩作乱时，子路在外，听了这消息赶紧跑回来赴难。恰巧子羔要出卫城，跟子路说："出公已出奔，而城门也关了；你可以回头，免得回去白受祸害。"可是子路不肯，他说："吃人家的俸禄，就不能逃避人家的危难。"子路终于因反对蒯聩而被杀，尸体被渍盐，死得好惨！这时子贡是否和子路死在一起，不可考。

③ 阳货，一名阳虎，是鲁大夫季氏的家臣，但是他的权势凌驾季氏，后来在鲁国叛乱。原文作"阳货乱乎齐"。

阳虎叛乱是在鲁国，因失败而亡命于齐，求齐援助，齐侯因听鲍氏劝告，不但拒绝援助他，反而将他监禁起来，后来又逃到晋国。

第三章　对孔子的批判

佛肸做中牟宰,在中牟地方造反。①

漆雕氏使自己形体残废。②

孔某的弟子和后辈,必定以他的老师做榜样,尽力去做。他们必定要模仿他的言谈、效法他的行事,直到自己的力量不够、智力不及时,方才罢休。

孔某的行事如此,一般儒士就更可怀疑了。

照墨家看来,这位力举千斤、讲求表面的伪善的孔子,是心术不正的。他以舜为不孝、周公为不仁不义之人;而他自己却是热衷于名利,名利之前当仁不让。他的弟子们也跟着他学,到处钻营,到处兴风作浪。

这一段文字里所说的事情,除了季路死于卫,见于《左传》《史记》,佛肸以中牟叛,见于《论语》外,其他事情都不见于正史或《论语》中;而且更荒唐的是把貌似孔子,而孔子避不见面的鲁国权臣阳货说成孔子的弟子,真是信口胡诌。

孔子一向崇拜尧、舜、禹、汤、文、武诸圣及周公,尤其对于创定周代文化的文王及周公崇敬有加,而他自己也以继承文王周公道统自居,他又怎么可能如此诬诋舜与周公呢?真是恶意歪曲!故意陷孔子于不仁不义!

---

① 佛肸,据说是范氏家臣,也是孔子的学生。范氏为智伯灭亡时,佛肸为中牟地方的邑长,他就在中牟造反。《论语·阳货》篇也载有佛肸要造反时,曾访老师孔子,请孔子帮忙;孔子也有意帮助他,然而被子路劝阻而作罢。

② 漆雕,不详,不知何人。

（六）结语

以上《非儒》篇中所列五则故事，都是对孔子所作的人身攻击，多与事实不符，显然是墨者就儒家流弊，编造成故事，用来讥讽、毁谤儒者。孔子是儒门的老师，因此便成了箭垛。加以当时人并没有把孔子看成"大成至圣"，对他少了一份尊敬之心。他们看他整日栖栖遑遑，奔走谋事，一心想做官以行其道，但终其身并未能一展抱负；而后来的儒者，又是庸陋者多，通达者少，所以抬出这位儒者之师，肆意攻击、嘲弄一番。

不过，对孔子来说，这些侮谩谣诼是不会影响他的声誉的。《论语·子张》篇记时人叔孙武毁谤孔子，子贡说：

> "用不着讲这种坏话！仲尼绝不会因你这几句坏话而有所毁损。普通人有才德，不过像小山土阜一般，别人还可以超越他；但仲尼好比天上的日月，没有任何人可以超越他了。你即使想绝弃日月的光明，这对日月又有什么损害呢？只不过显得不知自己的分量罢了！"

子贡说孔子道德学问的高明伟大，是任何人无法加以毁损的。孔子的声誉，是深深地建筑在他完美的人格上，而不是漂浮无根的。

墨者何以不惜造谣肆意抨击孔子呢？原来战国时代，儒者末流专重形式，徒托空言，无补于实际。他们不能传孔子学说的大端，只是讲究丧葬礼仪的琐碎小节。注重实践力行的墨者，当然看不惯这些假仁假义、粉饰表面的作风，想来时有指责批评。墨者既如此，儒家之徒当然不会心甘情愿地接受，于是互相诋毁。所谓"两

第三章 对孔子的批判

怒必多溢恶之言"①，乃有《非儒》篇等这种激烈的、不惜造谣以诬谩儒家偶像孔子的文章出来。如果以《非儒》篇和孟子痛诋杨墨的言论②对照着看，即可见当时儒墨二家相非的厉害、竞争的激烈了。

---

① "两怒必多溢恶之言"是《庄子·人间世》篇中的一句话，意思是说"流传两国国君愤怒的言辞必定过度地添加许多坏话"。

② 《孟子·滕文公下》篇说："圣王不作，诸侯放恣，处士横议。杨朱、墨翟之言盈天下，天下之言不归杨，则归墨。杨氏为我，是无君也；墨氏兼爱，是无父也。无父无君，是禽兽也。……杨墨之道不息，孔子之道不著，是邪说诬民，充塞仁义也。仁义充塞，则率兽食人，人将相食，吾为此惧，闲先圣之道，距杨墨，放淫辞，邪说者不得作。……圣人复起，不易吾言矣！能言距杨墨者，圣人之徒也。"

第四章

墨子十论

第四章 墨子十论

第一节 兼爱

"兼爱"是墨学的根本观念,其他学说都由此推演而出。所谓"兼爱",就是互爱的意思。

墨子认为天下的大害,在于人们的互争;天下的祸乱,都从"不相爱"产生。因为,不相爱则想亏人以自利,人人各思亏人以自利,则攻杀篡夺的事情样样都能做出来,社会岂能有一日安宁?所以,墨子要天下人人视人如己,互相帮助;这样不但利他,其实也正是利己。

爱人的人,一定会被人爱;憎人的人,也一定会被人憎,这是千古不移的道理。墨子的兼爱,便建立在这相对的伦理观上。

墨子以为行兼爱可祛除私心、避免争执、消弭战争。墨子的看法,只要人人相爱,人人摒除自私自利的心,则社会的动乱不宁,一切的问题都可迎刃而解了。古代社会是阶级社会,阶级与阶级之间互相仇视、争执,社会因此发生混乱。上层阶级又往往安享自己的特权,不顾下层阶级的苦难。墨子出身下层社会,对这种情形看得特别清楚,也特别痛心,所以,他从理论方面改造,提倡平等的互爱。他的兼爱说,破除了阶级之分、人我之分,具有极崇高的理想。

墨子虽通过社会关系谈兼爱,然而对于伦常却未加否定。实行兼爱的终极,可使君惠、臣忠、父慈、子孝、兄友、弟悌,由人伦的和谐关系,迈向如儒家所说的"大同世界"。

以下便将墨子书中有关兼爱说的资料，归纳在十八个子题中。主要材料取自《兼爱》上、中、下，《经》上、下，《经说》上、下，以及《大取》《小取》等篇。

（一）治国如治病

一个治理国家的人，必定要知道乱是从哪儿起的，才能治理；如果不知道乱从哪儿起，就无法治理。就好像医生治病一样，一定要知道疾病的来源，才能对症下药；不知道疾病的来源，便不能医治。

（二）乱起于不相爱

墨子眼看着战国时代国与国、家与家、人与人之间种种混乱的情形，感到很痛心。他曾经仔细地考察过这种种混乱的根源，得出了一个答案，那就是：起于"不相爱"。

臣子对国君为什么会不忠呢？因为臣子自爱而不爱君，所以损害国君的利益而自利。

儿子对父亲为什么会不孝呢？因为儿子自爱而不爱父，所以损害父亲的利益而自利。

弟弟对兄长为什么会不敬呢？因为弟弟自爱而不爱兄，所以损害兄长的利益而自利。

这些"不忠""不孝""不敬"都是违反伦理的事，起源就是"不相爱"。

反过来看：

如果国君只爱自己，而不爱臣子，于是损害臣子的利益而自利，所以对儿臣就不惠爱。

父亲只爱自己，而不爱儿子，于是损害儿子的利益而自利，所以对儿子就不慈爱。

哥哥只爱自己，而不爱弟弟，于是损害弟弟的利益而自利，所以对弟弟就不友爱。

至于盗贼的窃抢、大夫的互争、诸侯的互攻，道理也大致相同。

盗贼只爱自身，而不爱人身，所以戕害别人而自利。

大夫只爱自己的家，而不爱别人的家，所以侵扰别人的家而自利。

诸侯只爱自己的国家，而不爱别人的国家，所以攻打别人的国家以自利。

这一切的乱事，可不都起于"不相爱"吗？

人人只爱自己便造成了自私自利，而自私自利的结果，必然会造成人与人之间的争执和伤害。

（三）兼相爱、交相利

墨子是位讲求言行合一的人。一种理论如果实行起来，不能造福国家百姓，他便认为没有倡导的价值。他批评一件事情，也必定找出它的好与坏的原因，好的加以赞扬，不好的则加以改善。

上文已经说过：墨子对于世上的一切乱事，找出了一个根源——"不相爱"。因此，他想出了一个补救的方法，那便是"兼相爱"。

墨子说，如果想反对别人的意见，一定要提出可以替代它的新意见来；假如只为反对而反对，提不出任何可以代替的意见，那就等于以水救水，以火救火，一点用也没有。所以墨子主张以"兼相爱，交相利"替代"别相恶，交相贼"。①

墨子认为如果天下的人都能相爱，爱别人如同爱自己一样，那会损害别人，专做自私自利的事吗？人人都能如此，那么，还会有不惠、不忠、不慈、不孝、不友、不敬的事情发生吗？把别人的家视同自己的家，把别人的国视同自己的国，还会有盗贼的偷窃、大夫的争夺、诸侯的攻伐吗？假如天下的人都能相爱而相利，人与人不相损害、家与家不相侵凌、国与国不相攻伐，那么，天下不就安宁无事了吗？所以，墨子劝导人们"兼相爱，交相利"。

（四）仁人的使命

墨子说：

"一个仁人所要做的事，是兴起天下的利益，除去天下的祸害。仁人必定要以此作为行事的目标。"

---

① "兼"与"交"都是"互相"的意思。"兼相爱"就是"互相亲爱"，"交相利"就是"互致利益"。

"兼"字在墨子哲学中非常重要，是墨家哲学的基础。"兼"字除了"互相"的意思外，后期的墨家更进一层解释它为"全整"的意思，与"个别"的"别"字相对。墨子特别给那些能爱人利人，视人如己的人一个称呼，叫作"兼士"；那些爱人利人，视人国若己国的国君叫作"兼君"。相反的，那些自私自利，不能爱人利人的人叫作"别士"；那些不能爱人国若己国，自私自利的国君，叫作"别君"。

"兼"是对的，"别"是不对的。"兼"是能兴起天下的利益的；"别"则是天下一切祸害的根源。

梁启超说："墨子讲兼爱，常用'兼相爱交相利'六字连讲，必合起来，他的意思才明。兼相爱是理论，交相利是实行这理论的方法。"

第四章 墨子十论

究竟天下的利益是什么？天下的祸害又是什么？

墨子说：

"国与国互相攻伐、家与家互相争夺、人与人互相损害，君对臣不惠、臣对君不忠、父对子不慈、子对父不孝、兄弟之间不和睦不友爱，这都是天下的祸害。"

这些祸害从哪里发生的呢？

墨子说：

"是由于人们不相爱而发生。

"诸侯只知爱自己的国家，不爱别人的国家，所以不惜用全国的力量去攻打别人的国家。

"卿大夫只知爱自己的家，不爱别人的家，所以不惜用他全家的力量，去争夺别人的家。

"一般人只知爱自己的身体，不爱别人的身体，所以不惜用自己全身的力量去损害他人的身体。

"诸侯不相爱，必定发动战争；卿大夫不相爱，必定互相争夺；人与人不相爱，必定互相损害；君臣不相爱，就没有了惠与忠；父子不相爱，就没有了慈与孝；兄弟不相爱，就没有友与敬；天下的人都不相爱，强的必定欺凌弱的，富的必定侮慢贫的，贵的必定傲视贱的，巧诈的必定欺负愚笨的。

"凡是天下的争夺怨恨的起因，都是由于不相爱。"

所以，仁人必须阻止人们互相憎恶，劝导人们互相亲爱，以达君惠、臣忠、父慈、子孝、兄友、弟敬，不相损害、不相争夺、不相攻伐的境地。

这便是兴起天下的利益，除去天下的祸害了。

（五）兼爱难行吗？

现在的士君子说：

"不错！兼爱的理想固然很好，但事实上，很难施行。"

墨子说：

"天下的士君子，因为不知道它的利益，不能辨明它的功效，才有这样的看法。

"一般人认为最难的事，莫过于攻城野战，为了名誉而牺牲自己的生命了。

"但是，在上的君主如果喜欢，他的部下也能够做得到。"

何况"兼相爱，交相利"和这个完全不同。它非但没有生命危险，而且，凡是爱别人的，别人也必定会爱他；有利于别人的，别人也必会对他有利。可见施行兼爱是没有什么困难的，只不过因为在上位的人不鼓励，而社会上一般人士又不能实行罢了。

墨子举了三个春秋时代的故事，告诉我们，有比施行兼爱困难的事，却在君主的喜爱下被施行的例子：

第四章 墨子十论

〔故事一〕

从前，晋文公①非常节俭，他喜欢穿粗布衣服。当他在位的时候，晋国的人士都穿大布做的衣服，母羊皮做的皮袭，戴着原缯做的帽子，穿着粗笨的鞋子，用软皮条挂佩剑，上朝进见国君都是这样穿戴。

我们知道，要有权有势的人穿粗陋的衣服是一件很困难的事，然而因为国君喜欢，臣子也就勉为其难地照着做了。

〔故事二〕

从前，楚灵王②喜欢细腰。当他在世的时候，楚国的人士着意节食、束腰：每天只吃一顿饭，从胁下吸口气，才系上腰带。满朝的臣子用力扶稳才站得起来，扶着墙才能向前走。过了一年，他们都饿得又黑又瘦，又干又弱。我们知道，节食是一件很困难的事，然而因为国君喜欢，臣子们就照着做了。

〔故事三〕

从前，越王勾践③喜欢臣下勇敢，训练他的将士三年，想试验

---

① 晋文公，是春秋五霸之一。他是晋献公的次子，名重耳，是晋国的贤公子。因受献公宠妾骊姬的谗言，十七岁即出奔避祸。亡命国外十九年，尝了许多苦头，但也深知民间疾苦。三十六岁回国即位，有狐偃、赵衰等贤臣辅佐他，使他三年之后便称霸，是春秋时代一位了不起的国君。他的事迹在《左传》《国语》《史记》中都有记载。

② 楚灵王，是楚康王的弟弟公子围，为楚令尹，掌兵权。楚王郏敖（康王子）四年，围在出使郑国途中，听说王生病而赶回来，在探病时，将王勒死，自立为王。后来因暴虐无道，被吴、越兵逐出国外，而饿死山中。谥号灵王。他的事迹载于《左传》《国语》《战国策》《史记》。

③ 越王名勾践，与邻国吴王夫差是宿仇。夫椒之役，越王惨败，仅余保会稽山五千人。后为报会稽山之耻，卧薪尝胆，矢志复仇。用文种、范蠡为相，十年生聚，十年教训，终于兴兵灭了吴国。据《史记》记载，越王抚恤士民，鼓舞士气，于征讨吴国时，所率领的是熟悉水战的部队二千人，受过严格训练的兵士四万人，亲近志士六千人，诸军吏一千人。他的事迹见于《左传》《国语》《吴越春秋》《史记》。

一下效果如何,于是故意放火烧船,告诉将士们说:

"越国的财富都在这里。"

越王亲自击鼓,令他们前进。

将士们听到鼓音,拼命向前,争先赴火而死的有一百余人。越王很满意,这才鸣金叫他们退下。当这个时候,如不停止鼓声,越国的将士们就要伤亡殆尽了。

我们知道,以火焚身是一件绝对难以做到的事,然而因为国君喜欢,将士们也照着做了。

由上面三个故事看来,粗服、节食、赴火都是很难做到的事,但是因为国君喜好提倡鼓励,民风就随着转移;这无非是迎合上面的意思罢了。

兼相爱,交相利,做起来对大家都有利,而且十分容易做,然而就是推广不起来。墨子认为症结就在于在上位的人不喜欢这样做罢了。假如在上位的人喜欢这样做,用奖赏来鼓励大家,用刑罚来强制执行,大家对于兼相爱交相利的响应,会像火一样熊熊然上焚,像水一样滔滔然下流,是防堵不住的。

(六)兼爱是梦想吗?

反对兼爱的人说:

"不错!能够行兼爱,当然是好的;不过,这是行不通的。实行兼爱,就好比举起泰山以超越黄河、济水①一样的

---

① 济水,是黄河一大支流。

办不到啊!"

墨子说:

"你这种比方太离谱了!举起泰山以超越黄河、济水,要使多大力气啊!从古到今,还没有人做得到哩!兼相爱,交相利可和这个不同,古代有四位圣王:夏禹、商汤、周文王、周武王都曾经做过。所以,兼相爱,交相利不是办不到的。让我来告诉你这四位圣王的事迹吧!"

(七)夏禹的兼爱

夏禹治理天下的时候,洪水泛滥成灾。他不忍见百姓遭受洪水的灾害,于是亲自拿着盛土器和锄头,率领部属堵塞洪水,疏通江河,沟通四夷九州。

在西边开凿西河①鱼窦②,以泄渠孙皇③的积水。

北边为了防止原水、泒水的泛滥,将水引入后之邸④,使滹沱河的水分流,环绕底柱山⑤,凿龙门⑥山通水,以利燕代胡貊⑦与西河的人民。

---

① 西河:在冀州西,即指黄河而言。
② 鱼窦:窦是指鱼往还的地方。鱼窦据说就是龙门。
③ 渠孙皇:古水名,现在已无法考证。
④ 后之邸:古地名,现在也无法考证。
⑤ 底柱:山名,在黄河水中。
⑥ 龙门:山名,在河津、韩城二县界。
⑦ 胡与貊都是北方的少数民族。

东面穿泄大陆的迂回的河川,疏通孟诸①的泽薮,分为九条河,疏散东土的水,以利冀州的人民。

南面将长江、汉水、淮河、汝水引入五湖,以利荆、楚、吴、越与南夷的人民。

他汇合天下的河川,跋涉千山万水,走得腿肚子肉都没有了,小腿上毛也磨光了,骤雨淋身,强风梳发,这么辛苦,为的是什么?难道是为他自己吗?不是的!为的是要消除人民的灾害,让人民能过安和幸福的生活。禹这种伟大的精神,便是兼爱精神。

(八)商汤的兼爱

墨子引古书《汤说》②上记载商汤讨伐夏桀时的一篇誓词说:

汤说:我现在虔诚地以黑色公牛来祭告皇天后土:

"现在天下大旱,我不知道自己怎样得罪了上天,使得上天震怒,降下了这样的灾祸。

"我自己问自己的行事是公正的,人有善行,不敢隐瞒;人有罪恶,不敢轻饶。这一切上天心里都很明白,怎么还会降下灾祸呢?如果天下人有罪,我愿意一个人担当一切罪过;如果我本身有罪,请不要连累天下人。"

这是说,商汤贵为天子,富有天下,尚且不惜以自身做为牺

---

① 孟诸,在现在河南虞城县东北。
② 《汤说》,即《汤誓》,是一篇汤伐桀的誓词,现在已失传。

牲，向上天鬼神祷求免除天下百姓的祸患，这是何等感人的德操！这就是汤王伟大的兼爱了。墨子的兼爱精神也是得自汤王这儿的。

（九）文王的兼爱

文王为雍州的州长，治理西土的时候，仁民爱物，德誉远播，贤人自四面八方来归服。

《书经·泰誓》上这样称颂文王：

> 文王的德泽，像太阳、像月亮一般照耀，光辉遍及四方和西土。

这说明了文王的兼爱天下是如何的博大，好比太阳和月亮照耀天下般没有偏私。

文王不因为自己国大而侵凌小国，也不因为自己人多而欺负鳏寡孤独的人，更不因为自己有强权势力，而夺取农夫的猪狗黍豆。他爱天下百姓，上帝也眷顾他的慈政，使他治内一片祥和。在他的治理之下，年纪衰老没有子女的人可以得到政府的照护直到寿终；孤独无兄弟的，也协助他们得以维持生活；幼小无父母的孤儿，政府也照顾他们，使他们得以成长。这与儒家所说的"大同世界"相似。

这便是文王的兼爱，墨子的兼爱也是得自文王这儿的。

（十）武王的兼爱

文王过世以后，武王继承为雍州州长。因为商纣无道，人民受害，武王于是吊民伐纣[①]，率领诸侯东征，在牧野打败纣王，无道的纣王自焚而死。天下人共同拥戴武王为天子。

武王安定了天下后，掘地为隧道，去祭祀泰山之神，传说上这样记载着：

> 泰山之神啊！有道曾孙[②]周王有事来祭告神灵：现在大事[③]既已成功，又得到仁人们的协助[④]，来拯救中国四夷的人民。虽然有了至亲，但不如仁人对我帮助更大。天下万方之民，如果有罪，请都归我一人来承担。

武王代天伐罪，又如此博爱人民，愿意承担天下所有人民的罪过，这是何等伟大的胸襟怀抱啊！

《周书》[⑤]上也有这样一段记载：

> 不要有所偏私，不要偏袒同党，
> 王的道路才能平直。

[①] 吊民伐纣，这句话出自《孟子·梁惠王下》篇"诛其君而吊其民"语，而稍变易了一下。孟子的意思是说"诛灭那害民的暴君，救出受苦的人民。"
[②] 有道曾孙，是祭神时的称呼。自称"有道"，是指纣王无道。自己有道，以告神求助。曾孙，是诸侯自己的谦称。
[③] 大事，古人谓祭祀与战争为大事。此处指战争而言。
[④] 仁人们，指姜太公、周公、召公等辅佐武王的那些臣子。
[⑤] 《墨子》原作"周诗"，但周诗无此语。现在见于《尚书·周书·洪范》篇。

> 不要偏袒同党，不要有所偏私，
> 王的道路才能平易。
> 武王行事，像箭一般直，像磨刀石一样平。
> 君子在前面引导，小人①在后面跟着。

这是说，武王主政，十分公平，赏贤罚暴，对于亲友绝不偏私，也不偏袒同党，天底下的人为之敬服。

以上所说，乃是武王的兼爱，墨子的兼爱也是以武王为楷模的。

在历史上，有禹王、汤王、文王、武王曾经行过兼爱，但是现在一些人，一听到兼爱就反对，认为是行不通的事，这未免太忽视史实，太不了解"兼爱"的意义了。

（十一）选择兼爱的朋友

兼爱的言论固然很好，但是仍有人怀疑它是不是真的能用。他们说兼爱"善而不可用"。墨子说：

> "如果真不可用，我也会反对它，但哪有好的东西不能用的呢？"

于是墨子耐心地以比喻的方式来解说，企图说服这些人。他说：

---

① 君子，指做官的人；小人，指老百姓。

假设现在有两个人在这儿，一个是不爱人的"别士"，另一个是爱人的"兼士"。

"别士"说：

"我怎能将朋友看作我自己，将朋友的双亲看作我自己的双亲呢？"

所以，他看见朋友饥时，不给他饭吃；寒冷时，不给他衣服穿；有病时，不服侍他；死了也不埋葬他。凡是朋友有任何困难，需要他帮忙时，他都袖手旁观，从不帮忙。

"兼士"的言行就大不相同了。他说：

"一个高尚的士人，必须将他的朋友看作自己，将朋友的双亲，看作自己的双亲。"

所以，他看见朋友饥饿就给他饭吃；朋友寒冷，就给他衣服穿；朋友有病，就前去服侍；朋友不幸死亡，就帮着料理后事。

这个时候，如果这两个人的另一个朋友披甲戴盔地将往战场作战，生死不可预卜；又有一个国君的大夫，奉命出使到遥远的巴越齐楚，能不能重回故土也未可预知。那么，请问：这两个人要托付朋友奉养自己的父母，照顾自己的妻儿，究竟是托"兼士"好呢？还是托"别士"好呢？这当儿，不论是愚夫愚妇，都知道当然要选择那位"兼士"。即使是反对兼爱的人，也会这样做的。那么，兼爱有什么不能用的呢？

天下一些人在言论上反对兼爱，在选择时却选取兼爱的朋友，这岂不是言行相反吗？

世人反对兼爱的学说，但遇到利害关头的时候，便要去选择真能兼爱的人和他共事，而世人批评兼爱的话，只说是"善而不可用"，真是没道理！

世人不愿兼爱于人，却希望别人兼爱于己，这是墨学中一道不可冲破的难关。《庄子·天下》篇也曾批评墨子学说："他的学说，违反人性，使人受不了；但他的人格，又博人喜爱，叫人有求之不得之慨。"这正是墨学里一个根本的矛盾。

（十二）选择兼爱的国君

然而天下的人士反对兼爱的言论，还是没有停止。他们说：

"或许可以这样选择朋友，但不可以这样选择国君吧！"

墨子再设比喻来说服他们。他说：

假设这儿有两个国君，一个是主张兼爱的"兼君"，一个是反对兼爱的"别君"。

"别君"说：

"我怎能将万民看作和我自己一样呢？这太不近人情了。人生在世，时间不多，有如白驹过隙，一晃就过去了，何不尽情享乐呢？"

所以，他不顾人民，只顾自己享乐；他看见人民饥饿，不发放粮食赈民；人民寒冷，也不设法给他们衣服；人民有疾病，也不让他们休养；人民死亡，也不埋葬他们。

"兼君"则与"别君"相反。他说：

"我听说要做一个贤明的国君，必先顾到万民，然后才顾到自己，那样才配称为贤明的国君。"

所以，他看见人民饥饿，就发放谷物；人民寒冷，就给他们衣服；人民疾病，就让他们休养；人民死亡了，就埋葬他们。

这个时候，如果瘟疫流行，人民大多数因为勤苦和冻饿，辗转死在溪谷的已经很多，那么请问，这时候要你在这两个国君当中选择一个，你应该选择哪一个呢？

墨子认为这个时候，无论多愚蠢的人，即使是一向反对兼爱的，也必定会选择"兼君"。

天下一些士人，在言论上反对兼爱，到需要选择时仍旧要选取兼爱的国君，他们言行不是自相矛盾吗？天下士人，一说到兼爱立即反对，实在是不通之至。

（十三）兼爱犹如投桃报李

兼爱是切实而有用的，然而反对兼爱的人，仍然不绝其迹，他们说：

"恐怕兼爱会损害我们双亲的利益，而且有害于我们尽

第四章 墨子十论

孝道吧!"

墨子说:

"我们姑且来将儿子对双亲尽孝养的心情考虑一下,究竟孝养双亲的儿子,希望人家善待他的双亲呢?还是希望人家亏待他的双亲呢?照常理说,当然是希望人家善待他的双亲了。那么,要怎样做才能使别人善待自己的双亲呢?是自己先善待人家的双亲,才能够获得人家善待自己的双亲呢?还是先亏待人家的双亲,也能够获得人家善待自己的双亲呢?这道理很明显,当然是先善待人家的双亲,然后人家才会善待自己的双亲。不要以为天下的孝子都是笨人,以为亏待人家的双亲,人家也会善待自己的双亲。

我们的祖先在《诗经·大雅·抑》篇里头就说过:

没有一句话不获得相对的应答的。

没有一桩德行不得到相当的酬报的。

你投给我一个桃子,

我回报你一个李子。①"

这就是说:爱人的人一定会被人爱,憎人的人一定会被人憎。这道理很简单,但不知道天下的人士,为什么一听到兼爱就反对,原因究竟在哪里?

兼爱的理想是崇高的,它发挥到极致,便是大同世界的境地,可说与儒家学说殊途而同归。不过,在百家学说激荡的战国时代,

---

① 《诗·大雅·抑》篇原文作:无言而不雠,无德而不报。投我以桃,报之以李。

各个学派都遭受反对者的攻击与批评，墨家当然也不例外。儒墨二家互相攻讦尤其激烈，我们不难从儒家的《孟子》《荀子》等书，以及《墨子》书中的《耕柱》《贵义》《公孟》《鲁问》和《墨经》（《经》上下、《经说》上下四篇），以及《墨辩》（《大取》《小取》二篇）诸篇中看到二家彼此的非难和辨析。

《墨经》《墨辩》是后期墨家所作，内容着重逻辑与科学，对于前期墨家的学说有着进一层的诠释与发挥，而立论较前精确，壁垒也较前森严。

以下，我拟就四个子题来叙述后期墨家对于兼爱说的诠释与发挥。

（十四）人类是一个整体

《小取》篇中有一段这样的话：

> 爱人，待周爱人而后为爱人。不爱人，不待周不爱人；不周爱，因为不爱人矣。

这话的意思是说：

> 爱人，要等到普遍地爱所有的人，然后才可以称为爱人。不爱人，不必等到普遍地不爱所有的人，然后才称为不爱人；不普遍地爱人，是因为他不爱人。

这是后期墨家对于"兼爱"义的进一步的阐释。他们把整个人类看成一个整体,好比一个有机体的结合,个人不能离人群而犹存,天下的人是相需而不可缺的。这个看法非常正确。他们称整个人类为"兼",个人为"体","体"从"兼"分出来,又与"兼"生息相关。整个人类就像人的身体,个人是身体中的部分。如果去掉身体中的某部分,譬如说去掉一只手或一条腿,那么,这个人便是残疾。

同样的道理,爱人,如果不能普遍地爱整个的人类,有所爱,有所不爱,那便是偏爱,就不是真正的爱人了。要爱,就要爱其"兼"——整体;爱其兼,所以叫作"兼爱"。有爱,有不爱,则是残缺不全的爱,便算不得"兼爱";不必等到普遍地不爱人,才叫不爱人。

后期墨家这样子解释"兼爱",已经比前期墨家所说"互爱互利"的意思更进一层。你一定要先明白个人——体——与全体的人类——兼的关系,是像有生命的有机体一样的道理,然后才能了解"兼爱"说的深义。

综观前后期墨家对"兼爱"的诠释,我们可以给它下一个明确的定义:"兼爱"便是"人类全整的互爱"。

(十五)爱的心量无限

"人类全整的互爱",这理想多么崇高、多么伟大啊!每个人真能做到这境地吗?在战国时代即有人以为不可能,现代也仍有人认为理想太高。天下人有这么多,一个人怎么可能兼爱普天下所有的人呢？

《墨子·经下》篇曾就这个问题提出了"无穷不害兼"的辩护。

墨者说人类尽管无穷，我们兼爱的心量也是无穷的，所以对于行兼爱一点没有妨碍。他们打了一个比方来解释这个问题，说：

"不知其所处，不害爱之，说在丧子者。"

这是说：一个孩子走失了，他的父母亲找不到他，天天想他、念他，父母亲虽然不知道儿子沦落何方，但他们爱儿子的心量是丝毫不减。我们人类只要存有这样广泛的爱心，也就不怕人类无穷了；因为人类尽管无穷，我们的爱心也是无穷尽的，所以对于行兼爱于全体人类是没有影响的。

（十六）"志""功"有别

爱的心量尽管是无穷的，实际上做起来却无法真正施爱于每个人，使每个人都得到实际的利益，因而墨家又受到了非难。

关于这，墨者以："志功为辩""志功不可以相从"二论据来辩解。

他们说"志"与"功"是两回事。"志"是"志向"，是"理想义"；"功"是"事功"，是"实行义"。换句话说，"爱"是"志"，"利"是"功"。他们叫人认清"爱"与"利"是两件事，便不再怀疑兼爱的不可行了。

第四章 墨子十论

墨者认为人们怀疑兼爱的难行,那是因为不知道"爱"与"利"的分别。我们要知道"爱"是广泛的心量,"利"是实施的事功,所以爱尽管普遍于人类,至于实施利益于人,当然是与我接近的先得其利,疏远的后得;并非我的爱有先后,乃是实际上必然是如此的。这道理在《大取》篇有说明:

"二子事亲,或遇孰,或遇凶,其亲也相若。"

墨者假设:有两个儿子,他们事奉双亲,一个遇到熟年,收成好,奉养较厚;一个碰到荒年,收成少,奉养就较薄。这实在是"利"有厚薄,而不是"爱"有厚薄。这两个做儿子的,对双亲的孝心都是一样的,只是受物质条件的影响,施于双亲的利有不同而已。这便是"志"与"功"的不同。

虽然兼爱的心量普遍于整个人类,不分先后亲疏;然而施利却不得不从接近我们身边的人开始,由近而远而广,乃至整个天下。因为近旁的人不爱不利,怎能及远及广呢?因而"施由亲始"[①]是施行兼爱的必然方法——功。只是"爱"的理念——志——不可先存先亲后疏的差等,尽量将爱的心量提升到爱全整的人类。如此,则能做到"视人身若己身""视人亲若己亲""视人家若己家""视人国若己国"了。

---

① 《孟子·滕文公上》篇载墨者夷之对孟子"厚葬其亲"的非难,辩称"爱无差等,施由亲始",这便是墨者对兼爱的诠释。

（十七）爱人不外己

反对墨家的人认为墨家无差等的兼爱，叫人不分彼我地去爱所有的人，"视人身若己身""爱人亲若己亲"的结果，岂不减少了对自己、对自己亲人的爱了吗？

关于这个，墨者辩说：

"爱人不外己，己在所爱之中。己在所爱，爱加于己。伦列之爱己，爱人也。"

这话是说，爱所有人类，并不就是不爱自己，因为自己是人类当中的一份子，所以自己也在所爱当中。自己既在所爱当中，当然爱也加于自己身上了。

不分彼我，没有差等的爱己，就是爱人，爱人也就是爱己。

（十八）兼爱的理想

墨家虽通过社会关系言人类全整的兼爱，然而对于社会基础的伦常却未加否定。

兼爱的主旨在于人祛除私心，并不是要人泯灭伦常的理念。这只不过把儒家的"推己及人"的仁恕思想发挥到极致罢了。

在政治上，希望能达到兼爱天下，兼利天下的地步。

在伦理上，希望达到人伦的和谐，天下的人互爱互利，"有能力的去帮助人，有钱财的去资助人，有学问的去教诲人"。

这样才能达到"年老而无子的得以寿考善终,孤独无兄弟的得以维持生活,幼小无父母的也有所依托而成长"的大同世界。① 这时的天下是一片祥和:"为人君必惠,为人臣必忠,为人父必慈,为人子必孝,为人兄必友,为人弟必悌。"这便是兼爱的理想世界了。

---

① 这些话出于《墨子》中的《尚贤》篇与《兼爱》篇。儒家的《礼记·礼运》篇所说的:"大道之行也,天下为公。选贤与能,讲信修睦。故人不独亲其亲,不独子其子,使老有所终,壮有所用,幼有所长,鳏寡孤独废疾者皆有所养。男有分,女有归,货恶其弃于地也,不必藏于己;力恶其不出于身也,不必为己。是故谋闭而不兴,盗窃乱贼而不作,故外户而不闭,是谓大同。"("同"就是"和平"的意思。)大同世界,便是墨家尚贤与兼爱的境地。

第二节　非攻

"非攻"是反对攻伐的意思。

墨子眼见当时诸侯互相攻伐，战祸惨烈，因而提出"非攻"之论。

"非攻"是墨子学说中最重要的具体主张，"非攻"其实是实践"兼爱"的实务之一，"兼爱"是"非攻"理论上的依据。"兼爱"的目的在祛除个人心理的偏私，"非攻"则在消弭各诸侯国间的战斗。

"不兼爱"是天下一切罪恶的根本，而天下最大的"不义"莫过于"攻国"了。杀死一人要判死刑，杀死百万人，却反而变成英雄，备受人们称颂，天下公理何在？墨子一再强调：天下人无论怎样高谈仁义道德，若不肯"非攻"，便是"明小物而不明大物"（只明白小道理而不明白大道理），不知"义"与"不义"的分别了。

墨子主张非攻，儒家也反对战争。但儒家非攻，专就义与不义的问题而言；墨家非攻，在义与不义之外，还谈利与不利的问题。

战争，无论在物质、精神、性命各方面，都是莫大的浪费。墨子说攻战的不利，有个很妙的譬喻，就是"大国之攻小国，譬犹童子之为马也"（见《非攻下》篇及《耕柱》篇），说大国攻小国，就像小孩子骑竹马一样，用自己的腿跑，累的还是自己的腿。被攻的固然损失惨重，攻人的也一样讨不到便宜，损失也是无法估计的。虽然每一场战争必有获胜的，然而循环往复，最后皆受其祸。所以，战争不仅不义,也无利。

墨子以功利主义来救世,所以最重"实用"与"实利",凡事皆从最有利于多数人民方面打算。他认为战争只是少数野心家得利,而对大多数人是有害的,所以必须反对它。但是,墨子反对战争,却也不是全面地反对;他反对侵略性的"不义战",然而赞助"防守",他主张以防守阻遏侵略,换取和平。这正是他彻底"实用主义"的地方。他也赞成"有义"诛"不义",如禹伐有苗、汤诛桀、武王诛纣。因为这是代天行罚,是为民除害、是为最大多数人造最大的幸福。

以下分十四个子题来叙述,主要材料取自《非攻》上、中、下三篇,以及《天志》篇、《节用》篇。

(一)"窃盗"与"侵略"

这里有一个很奇怪的道理:

有一个人,他偷偷地走进人家的果园,偷窃人家的桃子和李子。这个人如果被发现了,人们会指责他,官府也会逮捕他,并且处罚他。为什么呢?因为他为自己的利益而亏损别人的利益。

假如这个人偷窃别人的鸡鸭猪狗,怎么样?他的不是,比进入别人果园偷窃桃李更大;因为亏损别人更多,他的行为更加不义,所以他的罪过也应该更重。

假如这个人走进别人的厩舍偷窃别人的牛马,怎么样?他的不是又比偷窃别人的鸡鸭猪狗更大;因为亏损别人更多,他的行为更为不义,所以他的罪过应该更重。

假如这个人杀死无辜的人,剥夺人家的衣裘戈剑,怎么样?

他的不是，不用说，又比窃人牛马更甚；因为亏损别人更多，他的行为更加不义，所以他的罪过当然也应该更重了。

在上面所说的各种情况下，天下的君子对于这个窃贼，或杀人的人都会加以非难，说他"不义"，应加处罚。

但奇怪的是，那些君子对于侵略他国的大不义的人，却不知道加以非难；不但不加以非难，反而赞扬他、称颂他侵略他国是仁义的行为。

我真不明白，天下的君子是不是真的知道"义"与"不义"的分别。

（二）"杀一人"与"杀千万人"

大家都知道杀死一个人是不义的，杀人的人要被处死刑；假如类推下去，杀死十个人，便犯了十重不义，要处十次死刑；杀死一百个人，有百重不义，必定要处一百次死刑了。

对于这种杀人的人，天下君子都会非议他，说他不义。但是，对于侵略他国的大不义的行为，却不加以非难，反而说他是义举，并大大赞扬他的功绩。

他们实在不知道侵略行为是不义的，所以记载战争事迹留传后世；假如他们知道它是不义的话，那就不会这样地描写战争事迹，将它得意地留传子孙了。

（三）"义"的混淆

如果这里有一个人，看见少许黑色，知道是黑色；看见大

第四章 墨子十论

量的黑色，却反而说是白色，大家必定认为这个人是不能辨别黑白的。

如果又有一个人，尝少许苦味，知道是苦味；尝大量的苦味，却反而说是甜的。大家也必定认为这个人是不能分辨甘苦的了。

同样的道理，现在的人犯了一点小错误，人们都指责他不对；对于"小不义"，大家都知道非难，至于对侵略别国的"大不义"，却不但不加以非难，反而将它当"义"看待，这样可以算知道"义"与"不义"的分别吗？

现在的君子，他们是故意使"义"与"不义"混淆不清的。

以上三段，录自《非攻》上篇。《非攻》上篇文章简洁，说理清楚，是一篇很好的论说文，其内容主旨在阐述人们"明小物而不明大物"的道理。人们只斤斤计较小错误、小道理，而对于大错误、大道理反而混淆不清。偷一个桃子有罪，杀人百姓、侵人国家反而备受赞扬。这在理论上是一个显著的矛盾，墨子深刻地指出来。

墨子所说的这番道理，和《庄子·胠箧》篇：

"彼窃钩者诛，窃国者为诸侯。"

说那些偷窃带钩的人要遭刑戮，而盗窃人家国家的反倒成为诸侯不是相同吗？

墨子非攻的言论，大多在《非攻》上、中、下三篇中阐述。上篇力陈攻国的"不义"，中、下二篇则极言攻国的"不利"。

（四）攻伐无利

出兵打仗，在军队中被共同认为不利的情况有以下情形：

（1）将帅不勇武

（2）士卒不力战

（3）兵器不锐利

（4）训练不娴熟

（5）军队不多

（6）将领失和

（7）兵威不振

（8）围困敌人不长久

（9）攻打敌人不尽力

（10）约束人民不够

（11）胶着力不强

（12）不坚定

（13）同盟国诸侯互相猜疑，以致敌人乘隙进攻

（14）士气不振

假使具备了以上这些缺点而打败仗，国家百姓当然损失惨重；即使是不具备这些缺点而打了胜仗，对于国家百姓仍然是有损失的。为什么？现在让我们来分析看看吧！

一个国家如果发动中等规模的战争，征调的将士必数千，兵卒必数十万，然后才可以成军出动。打仗历时久的须数年，快的

也要几个月。疆场上阵亡的士卒无法估计，而且这期间，官吏无暇办公，农夫无暇耕种，妇人无暇纺织。所以，国家损失士卒，百姓也荒废了职事。

兵器牛马方面，出兵时所用的竹箭羽旄、铠甲盾牌、矛戟戈剑、兵车帐幕等，将破碎断折陈旧损坏，如果能够收回五分之一，都已经算是很多的了。牛马出去时都很肥壮，回来时全都瘦弱；至于死亡而收不回来的，又多得不可胜数。

战争时，人民的生命最没有保障，一则因为道路遥远，粮食运输不继，百姓因此饿死；再则，战争时百姓居处不安定，饮食无定时，饥一顿饱一顿，无法有常度，百姓因此在路上生病而死；至于在战场上，如上文所说，军士们因作战而阵亡的，也多得不可胜数。所以，人民的生命严重地受到威胁。

这一切，对于国家百姓而言，都是莫大的损失。战争是有百害而无一利的。

（五）打仗该在什么季节？

抛开打仗时国家百姓的种种损失不谈，现在如果要出兵攻打别国，该选择什么样的季节最合适呢？

冬天吗？冬天恐怕太冷。

夏天吗？夏天恐怕太热。

所以，冬夏二季都不适宜于行军打仗。

那么，选择春天或秋天吧！春天和秋天虽然气候不太冷，也不太热，但是，春天行军，将荒废人民的耕种；秋天行军，则又耽误了人民的收获。如果荒废了任何一个农时，百姓都会饥寒冻饿而死。

所以，春天和秋天也都不适宜于出兵打仗。

如此说来，没有一个季节是适于作战的。

（六）战争是野心家的工具

如上所说，国家发动战争，不论胜败，都会严重地剥夺人民的财用、荒废人民的职事、威胁人民的生命，是得不偿失的事。那么，为什么还要打仗呢？

好战的国君说：

"我爱战胜的名声，以及战胜所获得的利益，所以我要打仗。"

墨子说：

"错了！你所赢得的胜利和名声，是没有什么用处的；而你所获得的战利品，也不及丧失的多。"

这话怎么讲呢？

墨子说：

"即使是攻打像三里之城，七里之郭①这样小的城邑，也不是不需用精锐部队，在无任何死伤的情况下，能轻易取得

---

① 城指内城，郭指外城。三里之城，七里之郭，是古代最小的城郭。

胜利的。为争这小小的城郭，往往杀人多时以万计，少时也以千计。

"现在大国自己有许许多多荒废的土地和广大的平原没有开辟，为什么还要去攻取别人的土地呢？

"天下大国土地都有余，不足的是人民；即令它们的人民十倍于现在的数目，也不能布满于所拥有的土地上。如今却尽叫人民去送死，以争夺无用的土地；这岂不是亏损自己的不足，而增加自己多余的吗？如此为政，实在不是治国的道理。"

所以，打仗实在无益于国家百姓，它只不过是一些野心家所利用的工具而已。

（七）野心家的狡辩

好战的人狡辩说：

"南方的大国如吴、楚，北方的大国如齐、晋，它们的先祖最初受封的时候，土地不到数百里，人民不到数十万，就是因为征伐，土地得以扩充到数千里，人民得以增加到数百万。所以，要国家强大，攻战是必要的。"

墨子说：

"错了！虽然有四五个国家因战争而获利，但仍不能说这就是正道。好比医生为病人开药方一样,假定现在有一个医生,开药给天下有病的人服食,一万人服用后,只有四五人痊愈,这药就不能是灵药。所以,孝子不把这种药给他的父母亲吃,忠臣不把这种药给他的国君服用。

"自古以来,因为战争而亡国的多得不可胜计,例如东方的莒国,亡于齐国越国;南方的陈国蔡国,亡于吴国越国;北方的柤国和不屠何国①,亡于燕代胡貊等等,比比皆是。"

古时候,天子初封诸侯,受封的有万余国,到战国时代,因为互相兼并,这上万个国家都灭亡了,只有吴、楚、齐、晋等大国存在。这和上面所说,医生给上万人开药方,而只医好四五个人的道理不是相同吗?

所以,为人民的利益、国家的安定着想,攻战是不能不加以反对的。

攻伐者打胜仗,可享战胜的荣名、领土的扩张,乃至国威的显扬,看来似是有利的。但是,这只是少数人得利,对多数人是有害的。

墨子认为凡事利于最大多数的叫作利,利于少数人的不能叫作利。少数人占了便宜,从少数人这方面看,虽然是有利的,但大多数人都受了害。从墨子的眼光看来,这决然是害,并不是利;反之,若是少数人吃亏,多数人得好处,墨子说这是利。所以《大取》篇有这样的话:

---

① 柤国,据《国语》说,该国为晋献公所灭。不屠何,汉为徒河县,属辽西郡,故城在今辽宁锦州。

杀己以存天下,是杀己以利天下。

"杀己"岂不是对自己的大不利吗?可是如果牺牲自己而保得了天下,这还是有利的。墨子就是以这种"牺牲小我,以成大我"的伟大精神救世济民。

近代英国伦理学家兼政法学家边沁(Jeremy Bentham, 1748—1832)倡导功利主义,拿"最大多数人的最大幸福"作为道德标准,与墨子的实利主义相似。墨子的一切学说的宗旨也就是为"最大多数人"造"最大幸福"。而战争不但不能如此,且有害于最大多数人的最大幸福,所以墨子反对它。

(八)武力能收服民心吗?

好战的国君又说:

"因攻战而亡国,是因为他们不会利用士卒作战;我会利用我的士卒,我以武力征服天下,谁敢不服呢?"

墨子说:

"你虽然会用兵,但你比得上春秋末年的吴王阖闾、夫差和晋国的智伯吗?

"吴王阖闾训练他的士卒,历时七年。士卒都勇武多力,能穿着铠甲,拿着兵器,全副武装连走三百里才停下来休息。

攻打楚国的时候，驻军在注林，取道于冥隘小径，战于柏举，占领楚国的国都，不但慑服楚国，同时也使与楚同盟的宋国和鲁国降服。战绩何等辉煌！

"他的儿子吴王夫差即位，向北攻打齐国，驻军汶水之上，在艾陵一战，大败齐人，使他们退保泰山。向东攻打越国，渡过三江五湖，迫使他们退保会稽山，淮水流域一带夷人没有不降服的，威武真是不可一世。但是，战罢班师回国后，他不能抚恤阵亡将士的遗族，也不能布施恩德于民众，反而自恃武力，矜夸功业，卖弄聪明，耽于享乐。不勤于教练民众，建筑一座姑苏台，历时七年，还没造成，吴人已有离散疲惫之心。越王勾践见吴国君臣上下离心，便举兵进攻，以报当年会稽山的耻辱。军队从吴国北边的外城攻入，既摧毁其水军的战力，更进而围困王宫，吴王兵败自刎而死，吴国也因此灭亡。

"吴王夫差难道不是有顶辉煌的战绩、强盛的武力吗？但是他毕竟不能以武力收复民心、长保国家！

"再说晋卿智伯。

"从前晋国有智氏、中行氏、范氏、韩氏、赵氏、魏氏六卿，他们的权势都很大，其中尤以智伯最为强盛。他估量他的土地广大、人民众多，于是野心勃勃地想抗拒国君，增加声誉。他以为用攻战的方法最为快速，因此指派他的谋臣战将率领舟车人众去攻打中行氏。中行氏被他消灭了，自以为得计，又去攻灭了范氏，这样便等于合并智氏、中行氏、范氏三家为一家，声势大增。智伯并不以此为满足，又进一步向韩、魏要求割让土地，韩、魏割地给他；又向赵氏要求，赵氏不给。

第四章 墨子十论

智伯恼羞成怒,便率领韩、魏攻打赵氏。赵襄子害怕,逃进晋阳城。智、韩、魏合攻晋阳一年多,导引汾水灌淹晋阳城,全城都淹了六尺高的水。城里老百姓高悬锅子炊煮,粮食吃完了,就交换儿子来吃。百姓实在支持不下去了,赵襄子于是派遣相国张孟同去游说韩氏、魏氏。韩氏、魏氏很受张孟同的影响,他们商量说:

"'古代有句谚语说:如果没有嘴唇,牙齿就觉得冰冷。赵氏和我们的关系正如嘴唇和牙齿一样。赵氏假若在早晨灭亡,我们在晚上也要随着灭亡;赵氏若在晚上被灭,我们第二天早晨也便会跟着被灭。古诗说:'鱼在水中不趁早游去,被捉到陆地上,怎还来得及懊悔呢?'事不宜迟,我们趁早联合起来抵拒骄横的智氏吧!'

"计议已定,于是韩、赵、魏三家同心戮力合攻智氏。韩、魏在外面攻打,赵氏在城内接应。智伯终于败死,韩、赵、魏瓜分了智氏的土地。

"古语说:'倚靠德行来治理国家的会昌盛,倚恃武力的将灭亡。'吴王夫差和晋卿智伯不是明证吗?"

所以,墨子说:

"古语道:'君子不用水做镜子,而用人做镜子;用水做镜子,只能看出容貌的美丽;用人做镜子,可以知道吉凶祸福。'

"现在若有人以为攻战有利,何不以智伯的事做镜子呢?智伯骄纵任性,以攻伐为能事,结果终于失败而得凶祸。

• 141 •

这不是很清楚的一面镜子吗？"

（九）贤君须能"上中天之利，中中鬼之利，下中人之利"

墨子说：

"当今天下所称赞的贤人，该是怎样一种人呢？是因为他上能利天、中能利鬼、下能利人①，所以大家才称赞他呢？还是因为他所作所为上对天不利、中对鬼不利、下对人不利，而大家称赞他呢？纵然是最愚笨的人，都会说：'因为他所行的事，上对天有利、中对鬼有利、下对人有利，所以大家才称赞他。'

"现在，天下人所共同认为合乎义的，是圣王的法则。圣王是不从事攻伐的，但是当今天下的诸侯，仍多从事于攻伐兼并，这就是徒有义的虚名，而不去身体力行了。好比一个瞎子，他只知道黑白的名称，而不能分辨黑白的物体，怎

---

① 上中天之利、中中鬼之利、下中人之利：墨子承继夏、商、周三代的宗教信仰，崇敬至高无上的天（又称"帝"，或"上帝"），天之外，又崇敬鬼神。古来传统宗教观认为天是创造一切的主宰，天是管理宇宙的，如同国君管理自己的国家一样，所以处理繁多的事务，不必一一自理。因此有许多鬼神来辅助，执行他的命令、传达他的意旨。这些鬼神，是天与人之间的媒介，是服从天命，忠于职守的，所以墨子在书中常以上中下来说天鬼人。天与鬼神对于人都有赏善罚暴的权威，墨子认为天是有意志的。天的意志要人相爱相利，不要人相恶相害。天志实为施行兼爱的后盾。非攻是兼爱的引申，所以天意"不欲大国攻小国"，墨子又依据天志以反对攻伐。

墨子的学说，脉络贯通，每一种言论都以能达到"上中天之利、中中鬼之利、下中人之利"为准则，他称这为"三利"。他认为能达到这"三利"，便能给人民带来幸福。其实利于天、鬼，也就是利人。

能算是真正能分辨黑白呢?

"所以,古代有才智的人为天下筹划,必先考虑这事是否合乎'义'①然后才去做。所以计议决定之后,动作毫不迟疑;事情既成,远近的人无不满意,对于上天、鬼神、人民都有莫大的利益。

"所以古代仁义之人治理天下,绝不以大攻小,以强欺弱,他定能敦睦邦交,令天下和谐,没有争斗,而统一四海;然后率领天下的百姓,虔诚地去事奉上天、山川、鬼神。

"因为他利人既多,功业又大,所以上天赏赐他、鬼神降福于他、众人赞美他,使他贵为天子、富有天下,声名与天地并列,至今不衰。这才是智者所行之道,而先王们能保有天下的缘故也在此。"

(十)当今的君主多好攻战

墨子说:

"当今的王公大人以及天下诸侯,多喜好攻战。他们必定要指使他们的谋臣战将,分派他们的舟车卒伍,预备下坚固的铠甲、锐利的兵器,去攻打无罪的国家。攻入别国的边境,割去稻麦,砍伐树木,冲倒城郭,填平沟池。将牲口夺去杀了,将祖庙放火烧了,人民遭到屠杀,老弱被歼灭,宝器被搬走。

---

① 义:《天志》篇说:"义者,善正也。"《经》上说:"义,利也。"综二说观之,凡事正当,而且有利的都叫作"义"。当然这个"利"是指对国家百姓的"公利"而言。

"他们鼓励兵士拼命死战,告诫兵士说:'战死的功劳最大,多杀敌人的其次,身体受伤的为下,至于落伍、逃亡的,一律杀无赦!'

"用这些话来威吓士卒、驱使人民拼死作战,无非是要兼并他国、歼灭敌军、贼害人民,以败坏古代圣王所遗留下来的规矩罢了。"

(十一)攻战不利天、不利鬼、不利人

攻战有利于天吗?

好战的国君,用上天所生的人民,去攻打上天所创造的城邑,杀死上天所喜爱的子民,剥夺鬼神的地位,覆灭宗庙社稷,抢夺六畜牲口。这对于上天是有害而无利的。

攻战有利于鬼神吗?

攻战杀死天所生的人民、歼灭鬼神的祭主,废灭先王的后裔,贼害万民,使百姓流离失所,这对于鬼神是有害无利的。

或者以为攻战有利于人民吧?

攻战须杀人,而"杀人以利人"这件事,利益是很薄的。并且计算攻战所需的费用,实在有害于民生,耗费天下百姓无数的财用。所以,攻战对于人民也是有害无利的。

墨子以为上天是兼爱天下人民、兼利天下人民的;同时上天也要人们兼爱兼利。攻战不免会有伤亡,上天不忍,所以攻战对天是不利的。

墨子尊天事鬼,对于祭天祀祖,极为虔敬。人民如果战死疆场,

鬼神也就断了祭主，所以对鬼神是不利的。

战争使人民流离失所，民不聊生，所以，对一般民众来说，战争当然也是不利的。统而言之，攻战是"三利无所利"《天志》篇的事情。

（十二）攻战如同孩童骑竹马

大国攻打小国，就好比童子骑竹马玩一样。童子骑竹马，是用自己的脚跑，十分劳累。

如今大国攻打小国，被攻的国家，固然农夫不能耕种，妇人不能纺织，大家都得从事于守卫的工作。攻人的一方，农夫也不能耕种，妇人也不能纺织，大家都得从事于攻城的工作。

所以，大国攻打小国，就像孩童玩竹马一样，不过自己劳累自讨苦吃罢了。

这是一段很妙的譬喻。打仗时，被攻伐的国家固然不利；攻人的国家自己也是不利的。所以，攻伐绝对是不合算的事。

（十三）"攻"与"诛"

一般好战的国君用巧辩来驳斥墨子道：

"你认为攻伐不利，其实不是很有利吗？从前夏禹征服有苗、商汤讨伐夏桀、武王讨伐商纣，这几位后来都成为圣王，这是什么缘故呢？"

墨子：救世的苦行者

墨子说：

"你不曾辨清我所说的话，你不明了其中的原因。

"禹汤武王的作为不是'攻伐'，而是'诛讨'。

"当初，有苗大乱，上天命令将他处死，于是降下许多灾异：夜里有妖怪出现，连着下了三天的'血雨'，庙内出现一条龙，市上有狗啼哭，夏天水结成冰，地壳裂开，地下水涌出，五谷发生奇异的变化。人民于是大惊，四散逃走。高阳帝[①]乃在玄宫授禹训令，命令他去诛讨有苗。禹亲自执着天赐的玉符，前去征讨。这时雷电交加，煞是吓人！有位人面鸟身的人捧着珪玉在旁侍候，扼住了有苗的运命，苗兵大乱而败，有苗的后代从此就衰微了。禹既平服了有苗，于是区划山川，类别土地，直达四方边远之国。人神和谐，天下太平。这是禹诛讨有苗的史实。

"后来夏桀无道，上天降命诛戮。那时，上天也降下许多灾异：日月不定时，寒暑反常，五谷枯死，国都里有鬼呼叫，仙鹤哀鸣十余日。上天乃在镳宫授命于汤，说：'我现在命令你接受夏的国祚！夏桀昏乱，我已断绝他的命运！你去讨伐他，我一定使你大获胜利。'汤接受了天命，率领部队抵达夏境。上天命令祝融（火神）降火于夏的西北城角，烧毁了夏人的城。汤诛灭了夏桀，乃在薄地会合诸侯，将天命传达于四方，天下诸侯尽皆臣服。这就是商汤诛讨夏桀的史实。

---

① 高阳：古帝颛顼，舜的六世祖。

第四章 墨子十论

"到了商纣时,上天对他的行为也深表不满,因为他耽于享乐,荒废了祭祀,于是也降下了灾异:在薄地下了十天的泥土,象征国祚的九鼎也自己移动起来,夜间有女妖出现,有鬼怪叹息,有女变为男,天空降下肉来,大路上长出荆棘。有了这些怪异的事情发生,纣王不但不知觉醒,反比以前更加放肆。于是,有一只红鸟口衔珪玉降落在周的岐社中,玉上写着:'上帝命令周文王去讨伐殷。'贤人太颠来到岐丰为周臣,河中浮出图箓,地中涌出乘马(马名)。文王正待受命去诛讨商纣,却不幸去世。他的儿子武王即位,梦见三位神人向他说道:'我已经使殷纣沉湎于酒中,你去诛讨他,我必定使你大获胜利。'

"武王乃出兵进攻,灭商兴周,天赐武王黄鸟的旗帜。武王既已克殷,承受了上帝的赐予,命令诸侯分祭纣的祖先,政教通于四方,天下没有不臣服的,武王乃得继承商汤的功业。这就是武王诛讨商纣的史实。

"若从这三位圣王的事迹看来,就知道他们所用不是'攻伐',而是'诛讨'。"

"攻"指攻伐无罪之国,"诛"乃指讨伐有罪之国。墨子既然反对攻伐,却又赞颂"禹之所以征有苗""汤之所以诛桀""武王之所以诛纣"。三圣王的诛讨,表面上看来似是矛盾,其实我们只要了解"义"与"不义"的分别,就不会有疑虑了。

有苗、夏桀、商纣是不义的,所以天命禹、汤、武王加以诛灭。三圣王的诛讨是顺天之意,行天之罚的,是以"有义"诛"不义",这与大国攻小国的"不义战"是不相同的。这一点与孔子、

·147

孟子的意见相符合。

墨子非攻,反对一切侵略性、攻击性的战争;然因当时强凌弱、众暴寡的事情很多,所以墨子训练弟子徒属,组成一个军事团体,帮助被侵略的弱小国家做防卫的工作。《墨子》一书中也只讲守的器械和方法,攻的方面特意不讲。

(十四)立义名、成大功、得厚利

好战的国君又夸饰说:

"我并不是因为金玉、人民、土地不足而征伐他国,我乃是想借攻战立仁义之名于天下,以德行来使天下诸侯归向我。"

墨子说:

"当今假使真有人能以仁义之名立于天下,以德怀柔诸侯,则天下的人可以立刻归向他。因为天下人受攻战的痛苦已经很久了,就好像把小孩子当马骑一样,已经疲惫不堪了。

"当今的诸侯,若有人能以诚信相交,以利人为急务,则天下没有不归向他的。

"大国若不义,大家就共同商量去干涉它。

"大国若攻小国,大家就共同去援救小国。

"小国的城郭若不完固,就帮它修理。

"布匹和米粮缺乏,就共同救济它。

第四章 墨子十论

"货币不足,就供给它。

"若这样去结交大国,大国之君必定欢喜;结交小国,小国之君必定感激;施恩惠于百姓,宽厚为政,则人民必定归顺。治国不从事攻伐,结果必定能收加倍的功效。

"王公大人果真能了解'非攻'的道理而努力施行,则可以立义名、成大功、得厚利,这是利天下的巨务。"

攻伐是不利于天下,且违背天下之义的;非攻则有利于天下,且又合乎义。墨子为了贯彻"非攻"的主张,提出了对于大国之不义,"则同忧之";对于大国之攻小国,"则同救之",而小国之间更应互助自保。如何互助?(1)助修城郭;(2)委输布粟;(3)供给币帛。

墨子的意思是要统一小国的意志,对大国联合作战;而处于同一命运的小国,则实行国防、经济的合作。

王公大人果真能行此道,则可以"立义名、成大功、得厚利"。墨子认为这是利天下的巨务,所以大声疾呼加以倡导。

第三节　尚贤

"尚贤"二字，就字义解释，是"尊尚贤人"的意思，但墨子所说的不只这一点。

墨子生活在春秋战国之际，当时奴隶制度已开始崩溃，但贵族政治还不曾完全消灭。正如胡适先生所说：

> 那时，虽然有些奇才杰士从下等社会中跳上政治舞台，但是大多数的权势终在一般贵族世卿手里。就是儒家论政，也脱不了"贵贵""亲亲"的话头。墨子主张兼爱，所以反对种种家族制度和贵族政治。（见《中国哲学史大纲》第六编第四章）

墨子看到当时那些统治者把政权交给一个家族世代相传，不管他的子孙是白痴或低能，总是要把政权交给他们，让他们来统治万民。这是何等不公平不合理的事！所以，墨子提出"尚贤"的主张，以反对世袭的贵族政治。

墨子是学术界中起来反对旧社会政治，顺应新时势的第一人。《尚贤》上、中、下三篇，对于贵族的私幸政治抨击甚为激烈。为政的王公大人以"骨肉之亲、无故富贵、面目美好者"作为用人的条件，对于有才德的人反而不重视。试想，以无能之辈治理国家，国家怎能安定呢？

世袭而私幸的贵族政治，几乎令人民窒息。政权由那些与王公大人有着裙带关系的人掌握，不但治不好国家，还使百姓沮丧、失望，甚至不信任政府。社会终将陷于"饥不得食、寒不得衣、乱不得治"的混乱局面。

墨子主张兼爱，视人人平等，对于如此不公平，弊害又如此深的贵族政治，当然是要反对的。于是他坚决而具体地喊出：

"古者圣王为政，列德而尚贤。虽在农与工肆之人，有能则举之，高予之爵，重予之禄，任之以事，断予之令。"

要统治者打破阶级的局限而任用贤才，他进而强调：

"官无常贵，而民无终贱。有能则举之，无能则下之。"

他认为统治阶级与被统治阶级之间的不合理的划分是可以改变的。出身农工商的贱民，只要有才德，便可以举用他；在位的官员，如果没有才能，也可以罢黜他。

这种打破阶级的划分，给予有才德的人重新估价的观念，在战国中叶以后虽不足奇，然而在战国初期，墨子提出这种主张，则非具有卓见和勇气不可。

以下分十四个子题来叙述墨子的尚贤思想，主要材料取自《尚贤》上、中、下三篇。

（一）尚贤使能是为政者要务

在地大物博的我国，自古以来，作为国家元首的都有下面三个愿望：

(1) 希望国家富足

(2) 希望人民众多

(3) 希望政治社会安定

可是，往往国家不能富足，反而穷困；人民不能增多，反而减少；政治社会整顿不好，反而混乱。与原来所希望的相反，这是什么缘故呢？

聪明的墨子认为那是因为国君不知道尚贤使能。在一个国家里，如果贤良的人多，那么国家的政风就好；如果贤良的人少，那么政风就坏。所以，想把国家治好，第一要务就是使国中的贤人增多。

（二）如何增多贤人？

用什么样的方法，可以增多国中的贤人呢？墨子的办法很简单，就是"鼓励"二字。

墨子打了一个比方说：

譬如这个国家需要增多善于射御的人才，一定要给予丰厚的薪酬，并且要尊敬他们、赞美他们，这样才能罗致人才。墨子说，对于这种军事人才尚且要如此，何况有道德、有学问、善于言谈的贤良之士呢？这种贤良之士，原是国家难得的珍宝，对待这种人当然更加要礼遇。这样，国中的贤人才能增多。

假如国君公开宣布，说：

"善于射御的人，我要奖赏他、提拔他；不善于射御的，我要惩罚他，并且剥夺他的地位。"

试问，这时国中最得意的是什么人呢？不用说，是善于射御的人了；不善于射御的人，心里就会害怕。

这种道理是很浅显明白的，推而广之，国君利用这种责罚的权力，公开宣布说：

"凡是忠信的人士，我都要奖赏他、提拔他；不忠信的，我要惩罚他，并且剥夺他的地位。"

那么，国中最得意的，不用说，是那些忠信的人士，而不忠信的就要惴恐不安了。

为政的人，只要能重视贤能，任用贤能，就会产生莫大的激励作用，举国的人民就会竞相为善；而行为不正的臣下，自然会被淘汰。

墨子之所以特别推崇尧、舜、禹、汤、文、武诸圣王，是因为这些圣王治国时，能推荐那些对于社会有贡献的人，而驱除那些不正的人。

所以，擢用有才能的人，是为政的根本要务，是合乎圣王之道的。

（三）圣王的尚贤使能

古代圣王为政，以贤德为先，不问贵贱亲疏。他们宣称：

墨子：救世的苦行者

> 不义的不使他富有；
>
> 不义的不使他高贵；
>
> 不义的不和他相亲；
>
> 不义的不和他接近。

一切都以"义"①作为任用人的标准。

于是原先那些倚靠富贵、地位以及亲近的关系而做官的人听到了，心里都着了慌，不得不格外警惕自己。

有钱的贵族退下来思量："当初我所倚恃的是财富和地位，现在上面只举用有义行的人，不计较出身是否贫贱。那么，我不可以不行义。"

亲戚故旧也退下来思量："当初我所倚仗的是亲密的关系，现在上面只举用有义行的人，而不排斥关系疏远的。那么，我不可以不行义。"

左右近臣也退下来思量："当初我所倚靠的是亲近的关系，现在上面只举用有义行的人，而不排斥外人。所以我不可以不行义。"

疏远的人听到了都很兴奋，他们退下来思量："当初我以为关系太疏太远，无所倚恃，现在上面只重义行而不避疏远，那么，我不可以不行义。"

一直到边远地区的臣僚、宫廷宿卫的人员、国内的百姓、田野的农民听到了，也都争相行义，都往正常而有利于国家百姓的

---

① 墨家最重视"义"，"义"包含着"正当"与"公利"的意思。凡是正当而有利于国家百姓的事，都叫作"义"。详前。

方面努力。

这是什么缘故呢?

这就是圣王任用人只循一个标准、一条途径。

这好比富贵人家有高墙深宅,墙造好了,仅在上面开一个门。如果有强盗进入,立刻将那扇门关闭,强盗就走不出去了。这就是得到了要领的缘故。

(四)官无常贵、民无终贱[①]

古代圣王为政,任用有才能的人,尊敬有德行之士。不论出身寒微与否,有才能的便举用,酌情给予禄位。如果没有才德,即使原来居于官位也要遭到罢黜。

所以,在圣王的时代,做官的如果无能无德,就不会经常富贵;而一般人民,只要有才德,也不会永远贫贱。举公义、避私怨,圣王不偏私父兄[②]、不偏袒富贵、不爱幸美色,任用人才以国家百姓利益为先。

(五)任贤的"三本"

古代圣王为政,从士、农、工、商各阶层中选拔人才,有才德的便举用他。录用一个人,必定要给他三样东西:第一,要给

[①] "官无常贵,民无终贱"是"做官没有经常富贵,人民也不会永远贫贱"的意思。墨子假托古圣王为政,提出了"官无常贵,民无终贱,有能则举之,无能则下之"的观念,突破士农工商的阶级限制而任用贤能。这便是尚贤主义的根本精神。

[②] 父兄:古代国君称同姓群臣为父兄。

他高的爵位；第二，要给他丰厚的俸禄；第三，要给他实际的职务和决事的权力。这三样东西便叫作"三本"。

为什么要给予这三样东西呢？因为，如果爵位不高，人民不会尊敬他；俸禄不厚，人民不会信任他；权力不大，人民不会畏惧他。所以，拿这三样东西给予贤人，并不是单为他个人的好处打算，更重要的是为了能发挥他为国谋事的效果。

（六）贤人的作用

贤人是用来做辅佐和接替的人选。主政者得到了贤士，便不必担心谋划与任事无人，自然能够建立名声，成就功业。

得到贤士以为辅佐，就如同两手拿过很热的东西后用水洗濯一样，使自己的手得以休息。正如《诗经》[①]上所说：

告诉你如何忧恤天下，教给你如何任用贤能；谁能双手拿过热的东西，而不需用水洗濯一下呢？

为政的人不可以不亲善贤士，否则的话，拿过滚烫的东西，两手不用水洗濯是受不了的。

[①] 《诗经》是我国最古的一部诗歌总集，距现在两千五百年到三千年。这几句话引自《诗经·大雅·桑柔》篇。原文作："告汝忧恤，诲汝予爵，孰能执热，鲜不用濯？"

（七）尧举舜、汤举伊尹、武丁举傅说

古时候，舜在历山下耕田，在黄河边上制陶器，在雷泽地方捕鱼，在常阳做生意。尧在服泽遇到了他，让他辅佐以治天下，安定了九州，终于把天下让给他。①

伊尹本是有莘国女儿陪嫁到商的臣仆，他的职务是厨师。商汤赏识他的贤能，任他为宰相，使他接管天下的政事，助汤伐桀灭夏而定天下。②

傅说在北海的牢狱里服刑，穿着粗布衣服，带着绳索，在傅岩下筑城。殷高宗得到了他，任他为宰相，使他辅佐以治天下，而终于复兴殷商。③

舜、伊尹、傅说三人都出身贫贱，凭着他们的才德而被举用。那时候，禄厚位尊的大臣，没有不敬惧而加以警惕的；农人、商人和工人，没有不争相劝勉而修养德行的。

---

① 尧举舜的故事又见于《尚书》及《论语》，在《史记·五帝本纪》中有很详细而动人的描述。据说帝尧在位七十年，因嗣子丹朱顽劣好讼，尧不放心把帝位传给他，于是要四方诸侯领袖推荐适当的人选，大家都推荐舜。舜原是一个平民，父亲瞽叟心不向善，后母言不及义，弟象倨傲无礼。父亲喜欢象，时常想杀死舜。舜每次都躲开，有小过失就接受处罚，以顺从的态度对待家人，因此二十岁得孝名，三十岁被推举。尧把两个女儿嫁给他，观察他怎样治家；又使九个儿子与舜共处，观察他怎样处世；又让他宣扬五伦、担任各种公职、在国都四门接待宾客；最后让他在暴风雨中进入原始山林川泽之地。尧以各种方法考验舜三年，一切都很满意，这才把帝王传给他。舜摄政二十八年而后即帝位。

② 伊尹，名叫阿衡，商汤贤相。详见第一章第四节（一）注。

③ 殷商传到高宗武丁而国运中衰，高宗三年不言，政事决于冢宰。后来访求到应梦的贤人傅说，以傅说为相，国大治，商朝得以复兴。

(八) 假如贤人不在左右

如果贤人不在国君的身边，就是不贤的人在左右了。不贤的人在左右，他们所称赞的，不会是真贤明的人；他们所惩罚的，也不会是真凶恶的人。国君任用这些人来治理国家，所赏的也一定不会是贤人，所罚的也一定不会是恶人。如果所赏不是贤人，所罚不是恶人，贤人就得不到奖励，恶人就肆无忌惮了。

如此一来，人们不知道善恶是非，在家不知道孝顺父母，出外不知道和顺邻里，生活起居没有节制，男女没有分别。这些人，让他们做官，就会贪赃；让他们守城，就会背叛；国君有难，他们不会分忧；使他们判案，则不会公正；使他们分财，则不会公平；和他们谋事，得不到要领；让他们办事，没一样能办成功；让他们带兵，退既不能自守，进又无法胜敌。

古时候的昏君：桀王、纣王、幽王、厉王[①]，他们国家的灭亡，就是用一些不贤的人在左右的缘故。

(九) 以聋子为乐师

现在的为政者，嘴里极力说要起用贤能的人才，但是，嘴里虽然这样说，却不见实行。他们只知道小道理，却不知道大道理。为什么？

譬如，为政者要烹宰牛羊，不知道怎样烹宰，一定要请高明

[①] 桀王、纣王是夏、商二朝最后的国君，幽王及厉王则是西周末年的国君，他们都是历史上著名的暴君。墨子称他们为"三代暴王"，以与禹、汤、文、武的"三代圣王"相对。

的厨师。要裁制衣服,不知道怎样裁制,一定要请高明的裁缝。有马生病,不知道怎么医治,一定要请高明的兽医。有弓坏了,不知道怎样修理,也一定要请高明的弓师修理。凡是遇到这种私人的小事,他们不失为一个"尚贤使能"的人,他们绝不会叫没有能力的人去尝试;因为叫没有能力的人去做,怕会糟蹋了他的财物。

然而,到了治理国家时,情形就不同了。他们会变成重视人事关系,受血缘、财产、身份、容貌等影响,反而不知道"尚贤使能"了。他们选用骨肉之亲、富贵故旧、仪表美好的人,唯有符合这些条件的才被录用。试问,这些人难道都有智慧和能力担负重任吗?不见得。如果使这些无智无能的人治理国家,国家的乱是可以想象得到的。

这样说来,为政者看自己的国家,还比不上一只牛、一只羊、一件衣服、一匹马、一张弓的重要。

所以,墨子批评他们只懂得小道理,却不懂得大道理,原因就在这儿。为政者的这种态度,与命一个哑巴去充当外交人员、雇一个聋子来充当乐师没什么两样啊!

(十)职事的浪费

如果为政者因为偏爱骨肉之亲、富贵故旧以及仪表美好的人而任用他们,不考察他们的智慧而宠信他们。一个人的才能如果做不了治理一百人的事,却叫他去做千人的长官;做不了治理千人的事,却叫他去做万人的长官,这无异超过他的才能十倍,怎么可以呢?政事是每天都要做的,如果一天做不完,累积到明天,明天做不完，又累积到后天，这样一天一天累积起来，公事便积压如山；一天的时光有限，老天爷又无法为他延长十倍，而他的智能也无法增强十倍，上面的人却交付超出他能力十倍的职事，结果，职事只能完成十分之一，其余十分之九就耽误了；纵然夜以继日地去干，仍旧是无法完成。为什么？因为他的能力实在不能胜任啊！

这可不是职事的浪费吗？

（十一）历史的印证

"尚贤使能是治国的根本"，不仅是墨子这样说，这原本是古代圣王治国的道理。

古人的典籍里这样说道[①]：

> 寻求圣哲的人来辅助你。
> 你要以圣人、武夫、智者做你的楷模。

《书经·汤誓》[②]上也说：

> 求得最好的辅弼人才，和他同心协力以治理天下。

[①] 古人的典籍：墨子没有说明是什么书籍。
[②] 《书经》：简称《书》，又称《尚书》。今本有二十九篇，包括《虞夏书》《商书》《周书》，是我国最早的记言的历史。《汤誓》：是《书经·商书》中的一篇，是商汤讨伐夏桀时的誓师之词。墨子所引这些话和《论语·尧曰》篇、《国语》内史过所引都与今本《尚书·汤誓》不同，大概在今本《尚书·汤誓》之外，另外还有一篇《汤誓》。

第四章 墨子十论

这些话可以说明,古代圣王是能审慎地以尚贤使能为政的。圣王治理天下,必定选拔能力优异的人才做他的辅佐。

古代如唐尧举用虞舜、商汤举用伊尹、武丁举用傅说、周文王举用闳夭和太颠,这些贤人都是从平民百姓中被选拔出来的。用这些贤人来治理国家,人民不再为饥寒所迫,社会也因此安定。

古代圣王希望人们明了:尚贤使能是治国的根本之道,于是将这些事写在竹帛上,刻在器具上,以留示后世子孙。

譬如,《书经·吕刑》[1]这么记载着:

唉!过来!你们这些有国家有土地的人们[2],我来告诉你们治国的道理。现在你们来安定民众,要选择什么呢?不是贤能的官员吗?要谨慎什么呢?不是适当的刑法吗?要计划什么呢?不是适宜的事情吗?

墨子说:为政如果能选用贤能,慎用刑典,便能追得上尧、舜、禹、汤、文、武等圣王之道了。

(十二)富贵为贤,得天之赏

古代圣王真正能够以尚贤使能为政,而服从天意去兼爱人民的,上天就奖赏他。

---

[1] 《吕刑》:是《书经·周书》中的一篇。吕是国名。据说这篇是周穆王诰命吕侯之词。
[2] 有国家有土地的人们:指周王所封的诸侯。

问:"哪些君王得到上天的奖赏呢?"

答:"像从前三代圣王:尧、舜、禹、汤、文、武都是啊!"

问:"他们是怎样得到奖赏的呢?"

答:"他们主持政务,能够互爱互利,又率领天下万民,共同尊天事鬼,爱利万民。"

所以,天地鬼神赏赐他们,立他们为天子,让他们做人民的父母,人民一直到现在都称誉他们为"圣王"。

这便是"富贵为贤"而得到上天赏赐的。

(十三)富贵为暴,得天之罚

问:"是什么人贵为天子而得到上天惩罚的呢?"

答:"像从前三代暴王桀、纣、幽、厉都是啊!"

问:"他们又是怎样得到惩罚的呢?"

答:"他们主持政务,互相仇恨,互相迫害,又率领天下万民,诟骂上天,侮慢鬼神,残害人民。"

所以,天地鬼神惩罚他们,使他们身死名裂,子孙离散,家室毁灭,后代断绝,人民一直到现在都咒骂他们为"暴王"。

这便是"富贵为暴"而得到上天惩罚的。

(十四)尚贤为政,可定天下

墨子说:现在的王公大人想统治天下,没有德义,怎么行呢?他们想使用武力和强权。事实上,用武力和强权,只有迫使人民走上死路。

一般人对于生命都很爱惜,对于死亡都很憎恶;百姓们如果得不到自己所希求的"生",而经常得到他们所憎恶的"死",从古到今,绝对没有像这样的政权能统治天下的。

现在王公大人想统治天下、称霸于诸侯、成名于后世,为什么不多想想尚贤乃为政的根本的道理呢?

尚贤为政,能成就安和幸福、互助合作的社会:有能力的,用他的能力帮助别人;有货财的,将他的财物分给别人;有学问的,将他的学问教给别人。各人乐于以自己的能力贡献社会,造福人民。有了这样的社会,人类才能永远存续,天下才能永远太平。

第四节　尚同

"尚贤"与"尚同"是墨子在政治方面的主张。

"尚同"的"尚"字,它的意义不同于"尚贤"的"尚"。"尚同"的"尚"字,和"上下"的上字相通,是一个名词,不是动词。"尚同"乃是"下同于上""取法于上"的意思,与"下比"对扬。

墨子这一主张,也是为了平息战国时代纷争的局面而提出来的。他想以尚同主义建立一个强有力的大一统政府。

墨子的尚同从国家的起源说起。他认为原始时代,先民在没有政治制度以前,人人执着于自己的意见,而以他人的意见为非。往往因"一人一义,十人十义,百人百义"而引起纠纷,互为争斗,天下简直乱得和禽兽世界一样。日子久了,大家想停息这种争斗,于是拥护贤者为领袖,建立政治权力,以"一同天下之义",这便是国家的起源。

大家选立天下最贤能的人为天子,天子选立三公、诸侯来协助他,诸侯又选立卿大夫、乡长、里长以管束民众。在下者必须服从上级,层层上同:里长统一里民意见而率里民上同于乡长,乡长统一乡民意见而率乡民上同于诸侯,诸侯统一全国意见而率国人上同于天子。这样,原已够"一同天下之义"了,墨子还要天子统一天下意见而率万民上同于天,取法于天。为什么?一则,"天"是大公无私,兼爱天下、兼利天下的,只有"天"才能作为天下人的法仪。再则,墨子怕天子权限太大,万一做出违背仁义的事,变成了专制的独裁者,没有人能制裁他,所以,他拿"天志"来限制天子、警示天子。墨子要人人放弃自身的是非标准,而服从在上者的标准,最后则服从天的意志。

墨子既以为政治机构的基本目的在于建立一共同标准,所以一国之中,在下位的固应服从上级,而上级也应以建立统一领导为事,他的言行必作为下属取法的标准。因此,墨子强调"尚同"必须与"尚贤"相辅为用。如果"尚同"而不"尚贤",则政治不能修明;如果"尚贤"而不"尚同",则政治不能统一。"尚同"必须与"尚贤"相辅相成,始能建立一完善的政治机构。从里长到天子,逐层的领导者,必须是该阶层最贤能的人,这样他才有能力统一下属的意见,他的言行也才能作为下属的标准。

在"尚贤"与"尚同"的制度之下,天子治理天下能发挥最大的效率,他能"一视而通见千里之外,一听而通闻千里之外",层层而下,等于他的耳目遍布天下。所以,天下有善事或恶事,天子不必亲自去看、亲自去听,乡里之人都还没遍知,天子就已知道,简直神速得令人惊叹为"神奇"。

墨子尚同以建立统一政府为基本要务,他的精神仍以爱利仁义为中心,而求"上中圣王之道,下中国家百姓之利",绝不是拥护统治者建立专制独裁的政府。

以下分十一个子题来探讨,主要资料取自《尚同》上、中、下三篇。

墨子：救世的苦行者

（一）国家的起源

各位朋友！现在我们能有安定而有秩序的日子过，那是因为有国家、有政府保护。我们的先民，在没有国家组织的原始时代，过的是什么样的生活？你想象得出来吗？墨子告诉我们说：

> 古时候，当天下的人民过着还没有政治组织的原始生活时，所说的话，各人各有一番道理。一个人有一种道理，两个人有两种道理，十个人有十种道理，人数愈多，所说的道理也就愈多。每个人都以为自己对而别人错，因此彼此之间就互相攻击。
>
> 在家庭里面，常常因为父子兄弟各人的看法不一致而互相怨恨，使得亲戚离散，不能和睦相处。
>
> 天下的老百姓，也因为意见不同而互相争斗，拿水火毒药这些东西来损害别人。
>
> 因此，人人自私自利；有余力的人，不愿意替别人服务；家里有财物的，宁可多得让它腐坏，也不愿意分一些给别人；有好学问的，也不愿意教导别人。因此，天下就乱得像禽兽世界一样。

这种混乱而争斗的日子过久了，大家不但受苦而且厌恶，于是大家共同努力谋求一个解决的办法。

> 聪明的人终于明白了天下大乱的原因，是由于没有行政

长官。于是，大家选择天下最贤能的人，立他为天子。

立了天子以后，认为天子一个人的能力不足以管理天下的事情，于是又选择天下贤能的人，立他们为三公辅助天子。

天子和三公立定了，又因为天下的面积太广阔了，远国异邦的人民对于是非利害的辨别不可能逐一知道得清楚，所以把天下划分为万国，然后设立诸侯国君。

诸侯国君已立定了，又在他的国家之内，选择一些贤能的人，让他们做行政长官来协助他管理人民。国家便是这样产生的。

（二）上同而不下比①

设立了行政长官之后，天子便发布政令于天下老百姓，说道：

"你们听到任何好的和不好的事情，都要向上面的长官报告。上面认为对的，大家也必定要认为对；上面认为错的，大家也必定要认为错。上面有过错就加以规谏，下面有好事，就去查访，并加以推荐。你们一定要和上面协同，不可以和下面的人朋比结党。这样做才是上面所赞赏、下面所称誉的。

如果听到好与不好的事情，不向上面报告。上面认为对的，却不认为对；上面认为错的，也不认为错。上面有过失不规谏，下面有好事也不荐举；和下面勾结而不和上面协同。这是上面所惩罚的，也是百姓所诋毁的。上面就是根据你们

---

① 比，是比周，有偏私、结党和掩盖的意思。

的作为来厘订赏罚的。"①

（三）乡长—同乡之义

里长是这一里内的贤能的仁人。他发布政令于里中的百姓，说道：

> "听到好的与不好的事情，必定要报告乡长。乡长认为对的，大家也必定要认为对；乡长认为不对的，大家也必定要认为错。去掉你不好的话，学习乡长的好话；去掉你不好的行为，学习乡长的好行为。那么，这一乡还有什么理由会乱呢？
>
> "我们考察一乡之所以能治理得好，是因为乡长能够统一乡人的意见，这一乡才治理得好。"

---

① 墨子的国家起源说，以为国家是由于人民需要一共同的是非标准，以解纠纷争斗而产生。墨子推想：政治制度未产生前，人们各执己意，互相争斗；后来大家为了平息这种争执，于是拥立贤者为行政长官，建立政治权力，以管束人民。人民必须捐弃己见而同于上面的意欲。这个说法和欧洲近代的"民约论"极相似。"民约论"虽大成于法国自由思想家、浪漫派始祖卢梭（Jean Jacques Rousseau, 1712—1778），其实发源于英国哲学家兼政治家霍布斯（Thomos Hobbes, 1588—1677）的"国家论"。他们说：人类未建国以前，人人都是野蛮的自由，漫无限制，后来不得已聚起来商量，而立一个首长，于是乎就产生国家了。建国之后，则不可使用威力，个人宜抛弃己见，而委任于一人的意欲。这不是和墨子的看法一样吗？只不过霍布斯是就人类的利害冲突着眼，以为人必自私，利害不同必起冲突，所以须通过"契约"建立国家；墨子则举"一人一义，十人十义"以解说无国家时的混乱，其着眼处在"是非标准"。然墨子所说的"义"，已包含利害考虑在内，所以大旨还是和霍布斯相同。

墨子早于霍布斯等约二千年，而他却具有影响近代欧美思想至巨，且引起法兰西大革命导火线（卢梭"民约论"）的自由平等思想，实是值得我国人引以为傲的事！

（四）国君一同国之义

乡长是这一乡的贤能的仁人。他发布政令于乡中百姓，说道：

"听到好的或不好的事情，必定要报告国君。国君认为对的，大家也必定要认为对；国君认为错的，大家也必定要认为错。去掉你不好的话，学习国君的好话；去掉你不好的行为，学习国君好的行为。那么，这一国还有什么理由会乱呢？

"我们考察一国之所以能够治理得好，那是因为国君能够统一国人的意见，这国才治理得好。"

（五）天子一同天下之义

国君是这一国贤能的仁人。国君发布政令于国中百姓，说道：

"听到好的和不好的事情，必定要报告天子。天子认为对的，大家必定要认为对；天子认为错的，大家也必定要认为错。去掉你不好的话，学习天子的好话；去掉你不好的行为，学习天子好的行为。那么，天下还有什么理由会乱呢？

"我们考察天下之所以能治理得好，那是因为天子能够统一天下人的意见，天下才治理得好。"

（六）天子上同于天

天下的百姓，如果只上同于天子，而不上同于天，不能爱利天下的人，那么灾害还不会除去。例如气候的寒暑不调节，雪霜雨露降得不是时候，五谷不熟，六畜不能繁殖生长，疠疫流行，大风豪雨连续不止，这些都是上天所降下的惩罚，用来惩戒那些不肯上同于天的人。

古代圣王，从事于上帝鬼神所喜好的事，而避免上帝鬼神所憎恶的事，以求兴天下的利益，除去天下的祸害。所以，圣王率领天下万民斋戒沐浴，预备了洁净而丰盛的酒饭，来祭祀上帝鬼神。

他们对于鬼神的祭祀，酒饭不敢不洁净丰盛；牺牲如牛羊猪等不敢不肥大；珪璧币帛祭物不敢不合度量；春秋二季的祭祀，不敢错过了日期；审判案子，不敢不公正；分配财物，不敢不平均；待人处世，不敢怠慢礼节。

作为行政长官的人能像这样，天帝鬼神便会深深地看重他，万民也能感到便利。天帝鬼神看重他，而他能努力办事，那么就可以得到天帝鬼神的赐福；万民感到便利，而他能努力做事，那么就可以得到万民的爱戴。

他主政如此，所计划的事自然能做到，所做的事能成功，在内则能巩固国防，外出诛讨有罪的国家则能够胜利。这是什么缘故呢？

这就是在政治上能够协同一致的缘故。

（七）用五刑管束人民

有人说：

"现在天下的行政长官，并没有废掉啊！天下却乱成这

第四章 墨子十论

个样子,这是什么缘故呢?"

墨子说:

"现在天下的行政长官,根本就和古代不同了。譬如有苗①的用五刑②一样。古代圣王制定五刑,用来治理天下;后来有苗也制定五刑,却用来扰乱天下。那么,这难道是刑法不好吗?是应用得不适当而已。所以,先王的书——《吕刑》③有这样的记载:'苗民不服从政府的命令,于是用极严厉的刑法来管制他们,而作了五杀之刑,这也叫作法。'

"如此说来,善用刑法可以治理人民,不善用刑法就变成五杀了。这难道是刑法不好吗?乃是用得不适当的缘故,所以才变成了五杀。

"因此,先王的书——《说命》④又有这样的话语:'好

---

① 有苗:又称三苗,今苗、瑶等族先民。他们不听王命,舜时把他们驱赶到三危地方,后来又分别迁徙。到禹摄政时,又造反,所以禹带兵征平他们。
② 五刑:《尚书·舜典》伪孔传说:"五刑:墨、劓、剕、宫、大辟。"墨是在脸上刺字涂上墨的刑法,劓是割去鼻子,剕是砍断脚,宫是腐刑,大辟是死刑。
③ 《吕刑》:《尚书》篇名,详前。
④ 《说命》:《墨子·尚同中》篇作"术令",是"说命"的假借字。现在伪古文《尚书》中有《说命》一篇。
什么是"伪古文《尚书》"呢?就是"假的古文《尚书》"的意思。为什么《尚书》还有真假呢?原来在秦始皇焚书坑儒后,《尚书》失传了。汉惠帝开了书禁,汉文帝鼓励人民献书。那时传《尚书》的只有济南伏生一人。伏生本是秦博士。始皇下诏焚诗书时,他将书藏在墙壁中,后来兵乱,他流亡在外,汉定天下后才回家。检查所藏《尚书》,已失去数十篇,只剩下二十九篇。他就守着这些,私自教授于齐鲁之间。文帝知道了他的名字,想召他入朝,但那时他已九十多岁,不能远行,文帝便派掌故官晁错去跟他学,而后来用当时的隶书将《尚书》抄录流布,所以我们便称这二十九篇为今文《尚书》,这是真的。(转下页)

话与坏话都是出自口中。'

"这就是说善用口的，可以说出好话，而不善用口的，成为谗贼寇雠，这难道是口有什么不好吗？乃是用得不好的缘故。"

（八）为民兴利除害

设置行政长官，是用来治理人民的。就好比丝缕的纪①，网罟的纲②一样，是用来收服那些淫暴之徒，使他们也能改过向善，协同一致。所以，古人的书里有这样的记载：

"建国设都，选立天子诸侯，并不是要他们高高在上的；设立卿大夫师长，也不是要他们享乐的，乃是要他们公正地治理天下。"

这是说：古时候上帝鬼神建设国都、设置官长③，并不是要提

（接上页）汉景帝时，鲁恭王为了扩充自己的宫殿，去拆孔子旧宅时，在墙壁中找到了用古文写的《论语》《孝经》和《尚书》数十篇。鲁恭王把这些书还给孔子后人孔安国。这本古文《尚书》有四十五篇，比通行本多出十六篇。因为是用晚周民间的别体字写的，很少人看得懂，所以皇帝诏命孔安国作古文《尚书传》（"传"是阐明经义的意思），写成了五十八篇。不幸，后来这书又失传了。到东晋，梅赜献出假造的孔安国古文《尚书》，也是五十八篇，除了将今文《尚书》二十九篇分化为三十三篇，还多出了二十五篇。这二十五篇多系梅赜伪作，其中也有若干文句是辗转从古籍中抄来的。这本书一直盛行到清初，才为大儒阎若璩考订明白，断定其为伪作。现在我们称这本子为"伪古文《尚书》"。墨子所引《尚书》，有许多不见于今文《尚书》，却被伪古文《尚书》所辑。

① 纪：《说文》："纪，丝别也。"古时候管清理丝缕叫纪。
② 罟：鱼网。纲：网的总绳。
③ 行政长官究竟是天选还是民选？《尚同》上篇说由民选产生，《尚同》中下二篇却说由天选。天选与民选二观念在《墨子》书中并存，这或许是墨子承继君权神授观而又加以修正的。

高他们的爵位,增加他们的俸禄,使他们过着富贵淫逸的生活,而是要他们为天下万民兴利除害,使国家富有、人民增多、政治安定、社会有秩序。

(九)尚同当辅以尚贤

如果只行"尚同",而不能"尚贤",将会产生什么样的后果呢?墨子说:

> 现在的王公大人和古代圣王的作为不同,他们将那些佞幸得宠的人和宗族父兄故旧,安置左右,让他们做行政首长。于是人民知道了:天子设立行政首长并不是用来治理人民,使国家安定的。于是大家朋比蒙蔽,不肯与上面协同一致,以致上下对于事理的看法发生偏差。
>
> 如果上下对于事理的看法发生偏差,那么奖赏也不能劝人为善,刑罚也不能阻人为恶了。
>
> 假定行政首长说:
>
> "这个人可以赏,我将要赏他。"
>
> 下面的人却不以为然,说:
>
> "我们相处在一起,大家都不说他好呀!"
>
> 那么,这人虽然得到上面的奖赏,也便不能起劝导为善的作用。
>
> 又假定行政首长说:
>
> "这个人可以罚,我将要罚他。"
>
> 而这人恰好是下面的人所赞誉的,大家说:

"我们相处在一起,大家都赞美他呀!"

那么,这人纵使得到上面的处罚,却也不能起阻止为恶的作用。

如果主管国家的行政首长的奖赏不能劝善,而刑罚又不能止暴,那不是与我前面所说的"人民过着原始生活,还没有行政长官的时候"相同吗?如果有了行政长官,又和没有的时候一样,这就不是用来治理人民,统一群众的方法了。

所以,要使人民"上同"而不"下比",最重要的:行政首长必定是要能领导众人,协同众人意见的贤者;否则,"尚同"是无法推动的。

(十)天子视听如神

古代圣王,因为能够审择贤人而立为行政长官,所以上下情意能够沟通。上面如果有什么没有计划到的事和没有兴办的利益,下面能够随时启示他;下面有什么蓄积下来的怨和害,上面也能够随时清除它。所以,远在数千里或数万里外,如果有人做了好事,他的家人还未完全知道,他的乡里也还未完全听到,而天子先就赏他;远在数千里或数万里外,如果有人做了坏事,他的家人还未完全知道,他的乡人也还未完全听到,而天子就已罚他。

因此,天下的人都十分害怕和警惕,不敢做淫暴的事情,都说天子的视听灵敏如神!先王说:

"这不是神奇,只是能够使他人的耳目,帮助自己视听;

使他人的唇吻，帮助自己言谈；使他人的心，帮助自己思虑；使他人的四肢，帮助自己动作。"

帮助他视听的人多，他的所见所闻就远大了；帮助他言谈的人多，他的声音所能安抚人的范围就广阔了；帮助他思虑的人多，他的计划很快就可以实行了；帮助他动作的人多，那么，他所做的事情很快就可以成功了。古人有这样的话：

> 一只眼睛看，不如两只眼睛看得分明；
> 一只耳朵听，不如两只耳朵听得清楚；
> 一只手操作，不如两只手操作来得强。

就是这个道理。

古代圣王之所以能够济事成功，名传后世，并没有其他缘故，只是能够尚同为政而已。

诸侯国君在每一年的春秋二季，到天子的朝廷来朝聘，接受天子严厉的教令，并且领教许多典章法度，然后回去治理他们的国家，因此政令所到之处，没有一个敢不服的。这个时候，天下根本没有一个人敢变乱天子的政令。

而天子也随时派遣官员采访民情，以了解人民的实际情况。如《诗经·小雅·皇皇者华》所说：

> 我有黑鬃白马，
> 缰绳柔润光滑。
> 车马一齐奔驰，

到处商量询问。

就是这个意思。

（十一）尚同而家齐国治天下平

要使天下人对事理的看法一致，怎样做才可以呢？

墨子说：

> 何不试使一个家长对全家人发布命令说：
>
> "你们若见到爱利此一家族的，必定要报告。若见到贼害此一家族的，也必定要报告。
>
> "那样，就等于自己爱家利家了。上面知道了，将要奖赏你；众人听到了，就要赞美你。
>
> "若是见到而不上报，那就等于自己贼害家族了。上面知道了，将要惩罚你；众人听到了，就要责骂你。"

全家族的人都想得到长上的赞赏，而避免责罚，因此，见到好的和不好的人都向上报。家长得以知道谁是好人就赏他，谁是恶人就惩罚他。

善人得赏，恶人得罚，那么一家就治好了。这不正是出之于"尚同"的道理吗？

家族已经治理好了，难道治理国家的方法这样就已经完备了吗？还没有哩！

国家是由许许多多的家族组织而成的。大家都认为自己家族的道理对，别人的道理错，于是重的就出乱子，轻的就起争执。所以，又有使家长统一全族人的意见以上同于国君的必要。

国君也对全国民众发布法令，说：

"你们若是见到爱利此一国家的，必定要报告。若是见到贼害此一国家的，也必定要报告。

"那样，就等于自己爱利国家。国君知道了，将要赏赐你；众人听到了，就要赞美你。

"若是不上报，那就等于自己贼害国家了。国君知道了，将要惩罚你；众人听到了，就要责骂你。"

全国的人民都想得到长上的赞赏，而避免责罚，因此，人民见到好的就往上报，见到不好的也往上报。国君得以知道谁是好人而赏赐他，谁是恶人而惩罚他。

善人得赏，恶人得罚，那么国家就治好了，这也是行之以"尚同"之道所致。

国已经治理好了，难道治理天下的方法这样就已经完备了吗？还没有！

天下是由许多国家组织而成的。大家都认为自己的国家对，别国错，于是严重一点的就交战，轻一点的便相争。所以又要使国君统一全国人民的意见去尚同于天子。

天子也对天下的万民发布命令，说：

"你们若见到爱利天下的，必定要报告。若见到贼害天下的，也必定要报告。

"那样，就等于自己爱利天下。上面知道了，将要奖赏你；众人听到了，就要赞美你。

"若是不往上报，那就等于自己贼害天下了。上面知道了，就要惩罚你；众人听到了，就要责骂你。"

《尚书·太誓》也这样说：

人民若见到奸巧的人就要报告，否则，事情被发觉了，便和奸人同罪。

所有天下的人，都想得到天子的赞赏，而避免责罚。因此所见的事，不论好坏都往上报告。天子因而可以得知善人而赏他，得知恶人而罚他。

善人得赏，恶人受罚，那么天下就可治理好了。

天下已经治理好了，于是天子又统一天下的意见而尚同于天。

这种尚同的说法，上用之于天子，可以治理天下；中用之于诸侯，可以治理国家；下用之于家长，可以治理家族。大用之以治天下，不会不完满；小用之以治一国或一家，也不会发生阻碍。所以说：

治天下之国，就如同治一个家；用天下的人民，就如同用一个人。

这就是以尚同为政的好处啊！

所以尚同是为政的根本，是治理天下的要领。

第五节　节用

"节用""节葬""非乐"是墨子的经济学说。

现代所用"经济"一词的原单词Economy，本义便是节约、节俭，也就是墨子所说的"节用"。墨子的经济学说，以"节用"为方法，"公利"为目标，在物质生活方面，要求达到"百姓皆得暖衣饱食，便宁无忧"。（《天志中》篇）

墨子对于"节用"，定下了两个标准：第一标准是：

凡足以奉给民用则止。（《节用中》篇）

墨子认为人类的欲望，当以维持生命所必需的最低限度为标准；若超过这限度，就叫作奢侈。凡是奢侈的人，便是"暴夺民衣食之财"（《辞过》篇）为自己享用，是侵害别人的生存权的。他眼看"富贵者奢侈，孤寡者冻馁"（《辞过》篇），对于那些统治阶层过度浪费，而人民生活困苦的情状，极感愤懑不平，所以提出"节用"的呼吁。

墨子的"节用"，可以说是针对那些"富贵者"而发，倒不是要在生活上刻薄天下人。他注意的是人民普遍的生活，"奉给民用"是生活必需品，他在"衣服""饮食""宫室""舟车""兵器""蓄私"等日常生活有关方面定下了种种的规定，不外乎一个大原则，那便是"实用"，而不求虚美。

墨子：救世的苦行者

第二标准是：

> 诸加费不加利于民者弗为。（《节用中》篇）
> 凡费财劳力不加利者不为也。（《辞过》篇）

墨子以为生产一种东西，是要费资本、费劳力的。那么，他要问，所费去的资本劳力能够增加多少效用；将所费去的，和所增得的两相比较，能否相抵而有余。如果不能增进利益，那就不值得去做了。"节葬"和"非乐"二主张，便是在这个准则下演绎出来的。

"诸加费而不加于民利者"是奢侈品，墨子反对奢侈，但不反对生产。"其力时急，而自养俭"，"其生财密，其用之节"（《七患》篇），都是表示"积极生产"与"消极节约"的不可分。所以，墨子的"节用"主义，不只在消极方面以省俭为主，同时在积极方面重视生产。人力在古时是生产的原动力，也是富庶国家的总源；墨子注意到人口与国家经济的密切关系，所以他提倡"早婚"，以增加人口；他反对"战争"、反对"久丧"、反对"蓄私（妾）"，因为这些都是有碍人口的增殖的。

墨子主张人人勤于劳作（《非乐》篇："赖其力者生，不赖其力者不生。"），各尽所能（《节用》篇："凡天下群百工，轮车鞼匏、陶、冶、梓匠，使各从事其所能。"），"以时生财"（《七患》篇），凡不事生产，徒然消费，以及费时费力而不生财的物事，他都反对，他要的是有效率的生产法。他的用心，是要社会上下，去奢崇俭，增加生产，使万民同获其利、同过安宁无忧的生活。

有关"节用"的主要材料，在《节用》上、中二篇（下篇已佚）以及《七患》《辞过》诸篇中。本节分十个子题来叙述。

（一）增加财富

墨子说：圣人若治理一国，则一国可得加倍的财富；若治理天下，则天下可得加倍的财富。加倍的原因，并不是向外扩展土地，侵夺他国，而是在本国内省去无谓的浪费，就足够将财富增加一倍了。

圣王治理天下，大凡发布命令，兴办事业，以及役使人民、使用钱财，没有一件事不是对于人民有用才去做的。所以用财不靡费，人民也不劳苦，而增加的利益却很多。

（二）衣服、房屋、甲兵、舟车的制造

圣人为什么要做衣服呢？因为衣服冬天可以抵御寒冷，夏天可以抵御暑热。所以，衣服冬天使人感到温暖，夏天使人感到凉爽就够了；超过这原则，就不需要了。

圣人为什么要造房屋呢？因为屋宇冬天可以抵御风寒，夏天可以抵御雨暑，并且可以防备盗贼。至于徒事外表好看而不实用，那就不需要了。

圣人为什么要打造铠甲、盾牌，以及戈、殳、戟、酋矛和夷矛五种兵器呢？它们是用来抵御凶猛的禽兽和外寇盗贼的。如有禽兽、外寇、盗贼来，有铠甲、盾牌和这五种兵器，就可以战胜，不然就无法取胜。所以圣人才制造这些兵器。制造这些兵器，做到轻便锐利、坚固难折就够了，超过这个原则，就不需要了。

圣人为什么制造车子和船呢？陆地的交通靠车子，水路的交通靠船只，车子和船只对于四方交通和运输，有莫大的利益。制造车船，只要轻巧便利就够了，超过这个原则，就不需要了。

圣人制造这些东西——衣服、屋宇、兵甲、舟车等，无一不是因其有用，然后才去造，所以用财不费，人民得以不劳苦，而增加的利益却很多。

如果将王公大人喜欢收集的珠玉、鸟兽、犬马等费用，用来增加衣服、宫室、甲盾、兵器、舟车等一般有用的，这些有用的东西自然增加数倍了。

（三）节用的方法

古代圣王定下节用的方法是：

> 天下百工，举凡造车子的，造车轮的，制皮革的，烧陶器的，铸五金的，当木匠的，都各自从事自己所专长的技艺，只要足以供给民用就可以了；至于增加费用，而对于人民实际上没有利益的，圣王一概不做。

（四）节衣服

上古的时候，人民不知道怎样做衣服时，都穿兽皮，系草索。冬天不轻便，又不温暖，夏天更不凉爽。圣王认为这样对于人不适宜，于是教妇人治丝麻，织布疋，制衣服。衣服的定制是：冬天穿生丝制的内衣，只求其轻暖；夏天穿粗葛或细麻制的内衣，取其凉爽，如此而已。所以圣王制衣服，只求其能使身体舒适，并非要为好看，好在人前炫耀。

墨子说：当今的国君制衣服，却和古代圣王不同，冬衣已经轻暖了，夏衣已经凉爽了，还要向百姓横征暴敛，强取人民穿衣吃饭的资本，去做锦绣文采华丽的衣服。更将黄金铸成带钩，珠玉做成佩环，女工绣文采，男工作雕刻，衣服佩戴制成后，穿在身上，这并不是为了取暖合身，不过劳民伤财，毕竟是没有用处的。这样看来，他们制成衣服，只是为了炫耀。上行下效，社会因此奢靡成风，人民都淫邪难治，人君都奢侈难谏。以奢侈的国君去治好淫僻的百姓，想使国家不乱，这实在是一件不可能的事。

人君如果真想使天下治理不乱，做衣服时就不可以不节俭了。

（五）节饮食

上古的人民，不知道制作饮食，只吃草木的果实，而各自分居。圣人于是教男子们耕稼种植，供给人民粮食。饮食的功用，只求其能强身饱腹而已。所以他们对于饮食甚为节省，自己的供养也很俭薄，而人民却富足，国家也治理了。

现在的情形不同，当今的国君向百姓横征暴敛，搜括钱财，制美味的食品，鱼鳖肉脯，蒸的烤的，大国的国君每餐有上百样菜，小国的国君有上十样菜，面前丈许长桌子都给摆满了，眼睛不能全看到，筷子不能全夹到，嘴巴不能全尝到。冬天每致冻冰，夏天常常馊坏。人君这样考究饮食，左右的人也都学他。所以富贵人家越发奢侈，孤寡穷苦人家却受冻挨饿，像这样想使国家不乱，实在是一件不可能的事儿。

人君果真想天下治理而不混乱,对于饮食费用不可以不加以节省。

古代圣王制定饮食的方法是:"只要能充饥益气,强壮四肢,聪明耳目的就行;不考究调和五味(酸甜苦辣咸)与气味芳香,不去搜求远方珍贵奇异的食物。"

何以知道如此呢?

古时尧治理天下,南面安抚交趾,北面招降幽都,东西直到太阳出入的地方,人民没有不归服的。然而尧本人仍很节俭,米饭只有一种,肉食也没有第二份,用瓦器盛饭,用泥烧的杯子盛水,用木勺斟酒,那些俯仰周旋、繁重的礼节,一概不用。

(六)节宫室

上古的人民不知道造宫室,住在土穴里面,地下潮湿,于人有害,所以圣王乃造宫室。

宫室的建造形制是:地基的高度足以避湿气,四周可以御风寒,屋顶足以御霜雪和雨露,墙壁的高度足以分隔内外,使男女有别,只此而已。

凡是劳民伤财,实际没有多大益处的,圣王是不做的。照规定的服劳役,令人民去修治城郭,人民虽然疲劳,但并不受损伤;照通常的规例去征收租税,人民虽然破费,但是不会困苦。人民所感到困苦的并不是那些应尽的义务,而是苦于劳役不休和横征暴敛。

所以圣王造宫室,只求便利生活,并不是为了美观和享乐;制成衣服鞋子,为的也是便于身体,并不是要做奇怪的装束。圣王自身节俭,教导百姓也是如此,因此天下的人民得以治理,财用得以充足。

墨子说，当今的人主造宫室时就不同了，必定要向百姓横征暴敛，强征百姓衣食的财用去造宫室。亭台楼阁，曲折有致，青黄彩色，雕刻装饰，造宫室这般考究，左右的人也都学着奢华。所以财用不足以应付凶年饥馑，赈恤孤寡，国家穷困，而人民也难治了。

人君如果真想天下治理，不愿天下混乱的话，那么造宫室时，不可以不节俭。

（七）节舟车

上古的人民，不知道造舟车，重的物件搬不动，远的地方去不了，所以圣王乃造舟车，便利人民。所造的舟车轻便坚固，可以运重的东西，行远的路程，费用很少，而利益却很大，所以人民都觉得便利而乐于用它。法令不必催促而自行，人民不必劳苦而财用充足，所以人民自然都归向国君了。

当今的人主作舟车就和这个不同了，已经轻便坚固了，还要向人民横征暴敛，以修饰舟车：车上画文采，船上施雕刻。国中女子废弃纺织去描绘文采，所以人民没有衣服穿而受冻；男子废弃耕种而从事雕刻，所以人民缺乏食粮而挨饿。

人君这么考究舟车，左右的人也都学他，上下交相奢侈，因此人民饥寒交迫，不得已去做奸邪的事。奸邪的事既多，国家就制定许多刑法来惩罚；刑罚一繁重，国家就乱了。

所以，人君真想要天下治理而不混乱，对于制造舟车，就不可以不力求节俭了。

（八）节蓄私[1]

凡是生于天地之间，处于四海之内的一切东西，都具有天地的阴阳自然之情，虽是圣人也不能加以更改。圣人有遗训：对于天地就称上下，对于四时就称阴阳，对于人类就称男女，对于禽兽就称牝牡雌雄。

上古的君王都有姬妾，但是姬妾的数目不多，不至于有伤天地间的和气，所以人民没有因为配偶失时而愁怨的，宫里没有拘禁的女子，天下没有鳏夫，所以天下的人民繁殖众多。

当今的人君却不然，他们养姬妾，大国拘禁上千个女子，小国拘禁数百个女子。所以天下的男子多半没有妻子，女子多半遭拘禁而没有丈夫。男女婚姻失时，所以百姓减少了。

人君如果真想人民众多，不愿他们减少，那么，对于蓄养姬妾就不可以没有节度。

（九）人力资源

人力是一切生产的原动力，如果王公大人们将搜集珠玉、鸟兽、犬马等珍奇玩物，以及浪费在衣服、饮食、宫室、舟车等方面的费用节省，很容易地可以使国家财富增多；但是人口方面的增加，却是比较困难的。

古代圣王规定过：

---

[1] 蓄私：蓄养姬妾。

"男子二十岁,不许不成家;女子十五岁,不许不嫁人!"

这是圣王立下的法度,后世的国君任百姓为所欲为。百姓想早成家的,有时二十岁就成家;要迟成家的,有时四十岁方才成家。以早迟二者的年龄平均起来,较圣王法定的年龄要迟十年。假若三年生一个孩子,这十年当中就可以多生两三个孩子了,这不是使百姓早成家而可以增加人口吗?

并且不只是迟婚影响人口的繁殖,执政者过度役使人民,使人民劳苦而死;或是抽税太重,以致人民财用不足,冻饿而死。若更起兵去攻打邻国,时间久的经年不归,快的也得几个月,男女隔绝,久不相见,都足以使人口减少。至于因战争居处不安定,饮食无定时,乃至生病而死的;以及因举火攻城,或在旷野作战被打死的,都计算不清,这不都是因为当今执政者行许多方法,使人口减少吗?

圣人治理天下,正与此相反,他不做这类害民的事情,所以他有许多方法可以使人口增加。

所以墨子说:

"除掉无用的费用,行圣王之道,这对于天下是有极大的利益的。"

(十)以时生财

墨子说:

>"财用不足时,就从天时上去求补足;食粮不足时,就从节省上去求补救。"

古代的贤人是依天时力作而生财的,等到基础稳固,然后才用财,所以财用自然充足了。

纵然是古代圣王,也无法使五谷永远丰收,使水旱之灾永不降临。然而,在圣王的治理下,从来没有冻饿的人民,这是什么缘故呢?那是他努力于增产,而用以供养自己的却非常节俭所致。《夏书》上说:"禹时有七年的水患。"《殷书》上也说:"汤时有五年的旱灾。"他们所遭受的凶荒是何等的严重,然而人民并没有冻饿之患。这就是他们平时把握时间,致力生产,财用有余,而用时又极节省的缘故。

第六节 节葬

"节葬"包括"节葬"与"短丧"二事。

"节葬"本是"节用"的一端,然因丧葬的浪费,在当时社会引起严重的影响,所以,墨子在"节用"之后,特别提出"节葬"的主张来引起人们注意。

今本《墨子》,《节葬》上、中二篇已佚失,仅得《节葬》下篇。就《节葬》下篇,我们可以知道墨子主张"节葬短丧"以反对盛行于当时的"厚葬久丧"。"节葬"的论据,仍以"实利"为基础,墨子以为"厚葬久丧"对于国家百姓有三大害处:

(1) 国家必贫

(2) 人民必寡

(3) 刑政必乱

墨子以为"厚葬"所用衣棺装束浪费过巨,将耗竭财富,造成贫穷;殉葬的习俗,也太过于不人道。"久丧""久哭"必将哀毁伤身,耽误正常的工作与人口的增殖。民贫而寡,健康又受损,则国家社会必衰乱而招致外寇,后果是不堪设想的。墨子认为"厚葬久丧"不合乎"富贫、众寡、治乱"的治国原则,而且也是不仁、不义、不孝的事,所以力加反对。

"厚葬久丧"为儒家所倡导,虽然孔子曾说过:

墨子：救世的苦行者

> "礼，与其奢也，宁俭；丧，与其易也，宁戚。"（《论语·八佾》篇）

而且，孔子痛骂"为俑者不仁"（《礼记·檀弓下》篇）。而孔门弟子子张、子游对于丧葬，也戒过虚礼，说过尽哀而止的话；但儒家末流崇尚虚靡，变本加厉，以致有毁身破产以从事丧葬的事，在社会上形成极其浪费的风气。所以，墨子在"节用主义"中，特别呼吁"节葬短丧"。

对于"节葬"，墨子提出了一个构想：

> 子墨子制为葬埋之法，曰：棺三寸足以朽骨，衣三领足以朽肉，掘地之深下无菹漏，气无发泄于上，垄足以期其所，则止矣。哭往哭来，反从事乎衣食之财，佴乎祭祀，以致孝于亲。
>
> （《节葬下》篇）

墨子在"省费"之外，还注意"省时"，这也是"节用"的两大原则。他要人依实际需要而行丧葬之礼，不必无谓的浪费；而且亲人必须尽快节哀，以从事正常工作。因人死不能复生，只要心里追念，不疏旷祭祀，便可算尽到孝道了。这个构想，虽然大受儒家批评，被讥为"役夫之道"（《荀子·王霸》篇），在当时不能推行；但他的观念已深深地渗入国人思想中，丧葬习俗的渐改，墨子的努力不能说白费。

墨子不注重形式上的虚文，他着眼的是实用的价值。他的节葬论，也是基于这原则，为"家国百姓之利"而发。

本节分十个子题来说明。

第四章 墨子十论

（一）仁人如孝子

墨子说：仁义之人为天下打算，和孝子替双亲打算一般无二。

双亲如果贫穷，就设法使他们富足；家里的人若太少，就设法增多；家人若不和乐辑睦，就设法使他们和睦。做这些事，有时也可能力量不足，财用不够，智力不及，然而孝子总想办法，尽力去做，不敢省力偷闲，隐匿智谋，不尽量为双亲去做的。

仁义之人替天下打算也是如此。天下若贫穷，就设法使它富庶；人民若稀少，就设法使他们繁殖；民众若混乱没有纪律，就设法去治理他们。做这些事，有时也可能力量不足，财用不够，智力不及，然而仁人总尽力替天下人去做。

（二）什么人合乎仁义？

三代圣王以后，天下人行事没有常法可守，不知道怎样做才是对的。所以后世的君子，有的以为厚葬久丧是合乎仁义的，是孝子所做的事；有的以为厚葬久丧是不合乎仁义的，不是孝子所做的事。这两种人所言所行刚好相反，然而他们都说："我们是效法尧、舜、禹、汤、文、武之道的。"不免让人怀疑他们所说的话究竟谁是谁非了。

既然难以判定这两种意见的是非，那么，何不将它转到实际的政治上来观察呢？看厚葬久丧是否有益于上面所述孝子和仁义之人所要做的那三件事。

如果实行厚葬久丧，果真可以使贫穷转为富足、人口由少增多、危乱的局势得以安定，那么，厚葬久丧是合乎仁义、是孝子所做的事，主政的人不可不勉励人这样去做。仁义的人将要极力去提倡它，使天下人都去实行它，定下制度来，使人民都拥护它。

假使厚葬久丧实在不能将贫穷转为富足，不能使人口增多，不能使危乱局势安定，那么厚葬久丧就不是合乎仁义的，也不是孝子所做的事，主政的人不能不阻止别人这样做。仁义之人应该努力去排除它，令天下人都不要这样做，将这种制度废除，令人民一起来推翻它，一辈子都不去遵行它。

（三）厚葬久丧不能使国家富足

主张厚葬久丧的王公大人们，棺椁必定要用几层，陪葬的衣物必须丰厚，盖在棺木上的锦绣必须要讲究，造的坟墓必定要高大。

这样的厚葬，在平民，必定倾家荡产；在诸侯，必定将府库财货用空。将金银珠玉等宝器，遍饰于死者身上，丝絮组带、缨络车马都藏入圹穴中，又必定要多制帷幕帐幔、戈矛刀剑、鼎鼓壶鉴、鸟羽牛尾、牙齿皮革，一齐埋葬起来，然后才满意。出殡就像搬家一样。天子甚至要用人殉葬，多的数百人，少的数十人；卿大夫用人殉葬，多的数十人，少的数人不等。坟墓修得如山陵一般高大广阔。这样的葬礼，委实劳民又伤财，无益于实用。

居丧守孝的礼节又怎样呢？一切事情都不能做，且要不分昼夜地啼哭，哽咽不能成声，披麻戴孝，脸上挂着眼泪。住在中门外一间小木屋里面，穿着单薄的衣服受冻，以致精神不振，形容沮丧，面色黧黑，耳目昏顿，手足无力。

士人以上的阶级居丧时，还有种种规矩，必须要搀扶着才能起来，要用拐杖撑着才能行走。这种情形要经过三年之久。

倘若遵行厚葬久丧的主张，使王公大人们这样去做，他们必定不能够上朝办公；使士大夫们这样去做，他们必定不能够治理五官和六府①、开辟土地、充实仓廪；使农夫们这样去做，他们必定不能够早出晚归，耕耘种植；使工人们这样去做，他们必定不能够修理舟车、制造器用；使妇人们这样去做，她们必定不能够早起晚睡，从事纺织了。

所以，厚葬乃是把很多的财物埋藏起来，久丧是长期禁止人们从事正常的工作。现成的财物，拿去埋在地下；而从事生产的人，又长期禁止他们生产。照这样去求富庶，就好比一面禁止人耕种，一面又要求人收获，这怎么可能呢？

所以，厚丧久葬不能使人民富足。

（四）厚葬久丧不能使人口增多

现在若行厚葬久丧，国君死，须守丧三年；父母死，须守丧三年；妻和长子死，也须守丧三年。伯父、叔父、兄弟以及自己的庶子②死了，须守丧一年。亲戚族人死，守丧五个月。姑母、舅父、

---

① 五官六府：五官，是司徒、司马、司空、司士、司寇。六府，是司土、司水、司木、司草、司器、司货。都是殷周时代的官制。（记载在《礼记·曲礼》）

② 庶子：长子以下众子，都称庶子。

姊妹、外甥死了，也都得守丧几个月。什么亲戚死了，都要服丧，丧期不是太长了吗？

如前文所说，居丧期间的哀毁还有一定的规定：服丧的人，要不分昼夜地啼哭，要节制衣食，因此面目瘦削，形容沮丧，颜色黝黑，耳目昏聩，手足无力，且不能做任何工作。士以上的阶层守丧时，又必须搀扶才能起来，要扶持才能走路，这样须经过三年之久。

照这些规矩去执行，生活又极其节制，所以百姓冬天受不了冷，夏天受不了热，生病而死的不可胜计。居丧期中，又禁止男女相聚。照这样去求人口繁殖，就好比叫人伏在刀口上，去求长寿一样的矛盾。

所以，行厚葬久丧以求人口增多，这也是不可能的。

（五）厚葬久丧不能使社会安定

现在若行厚葬久丧，国家必定穷困，人民必定减少，刑政也必定混乱。

因为遵行厚葬久丧，在上的不能听政，在下的不能工作。上不听政，行政必乱；下不工作，衣食财用必定缺乏。衣食财用不足时，弟弟如果向哥哥有所需求而得不到，就会产生怨恨；儿子如果向爸爸有所要求而得不到，就会产生怨恨；臣子如果向国君请求不遂，就会背叛国君了。那些不安分的百姓，如果没有衣服穿，没有食物吃，就会起来做荒淫狂暴的事情，这时想禁止都禁止不住了。因此，国内盗贼就会增多，社会治安便不好了。

盗贼增多，影响治安，如此想求国家社会安定，就好比叫人在你面前旋转三次，又不许他在旋转时背对着你一样的不可能。

所以，行厚葬久丧以求社会安定，这是绝不可能的。

（六）厚葬久丧不能禁止大国攻小国

圣王的盛世过去了以后，天下失去正义，诸侯用武力互相侵略。南面有楚越，北面有齐晋，他们都竞相训练士卒，从事攻伐兼并，号令天下。

凡是大国之所以不去攻打小国，一定是小国的物质积蓄多，城郭修治坚固，君臣上下和谐，所以大国有所顾忌而不攻打小国；假使小国没有积蓄，城郭不坚固，上下不和谐，大国就要攻打它了。

现在若实行厚葬和久丧，国家必定贫困，人民必定减少，刑政必定错乱。国家如果贫困，就不会有积蓄；人民如果减少，就缺少劳力修筑城郭；刑政如果错乱，出战就不能打败敌人，退守也不能巩固国防。大国看到这种情形，必定要去侵略了。

（七）厚葬久丧不能使上帝鬼神赐福

现在如果由主张厚葬久丧的人主政，国家必致贫穷，人民必定减少，刑政必致错乱。国家如果贫穷，祭品就无法准备得洁净丰盛；人民如果减少，敬事上帝鬼神的人就少了；刑政如果错乱，祭祀就不能按时举行。现在又要禁止人敬事上帝鬼神！这样子治国，上帝鬼神就要问自己：

"我有这些人和没有这些人,哪样比较好些呢?"

他必定答道:

"有和没有都是一样的。"

所以,上帝鬼神发怒而降下灾祸,使人们受罚。这不也是该当的吗?

(八)节葬短丧的方法

墨子假托圣王之法,制定了节葬短丧的方法:

棺木厚三寸①,足以腐朽髓骨;衣被三件,足以遮盖可怕的形体;下葬时,不必深,不要掘到见泉水的地方;上面用土掩盖,不必高,令尸气不透出来就够了。坟地宽广,约三尺,不必大,使人能寻找得到就行了。

死者既已安葬,生者守丧不宜过久,哭着送去,哭着回来,举哀哭毕,就要赶紧从事自己的工作,各尽所能,致力于衣食财用的生产。财用有余,则按时祭祀,尽孝道于双亲。

---

① 古时候的棺材厚度,有说是四寸,也有说七寸的,棺以外还有椁(外棺)。三寸的桐棺是用来惩罚有罪的人用的。

墨子说，他的葬埋之法，对于生人和死人都是有利的。

（九）尧舜禹三圣王的葬礼

古时候，尧往北方去教化狄族，死在半路上，就葬在蛩（qióng）山北面。下葬时，只有衣被三件陪葬，棺材是用谷木①做的，不用皮革，只用葛藤捆束棺材。棺材既已下土，然后举哀哭泣。墓穴用土填满，上面不堆土作坟，葬埋完毕，牛马照常往来其上。

舜往西方教化戎族，死在半路上，就葬在南己的市上。下葬时，也只有三条衣被，楮木做的棺材用葛藤捆束。葬毕，市民照常往来其上。

禹往东方去教化夷族，死在半路上，就葬在会稽山上。下葬时，衣被也是三件，棺材是用桐木②做的，只有三寸厚，用葛藤捆束。虽凿了墓道，但并不深远；地下掘的深度，下面不到有泉水的地方，上面臭气不透出来。葬毕，将剩余的泥土堆在上面。坟地的宽广不过三尺。

照这三位圣王的葬礼看来，厚葬与久丧果真不是圣王所行之道。这三位圣王都贵为天子，富有天下，他们难道还怕财用不够吗？他们只是认为这样的丧埋之法才是对的。

---

① 谷木，据《诗经·小雅·鹤鸣》毛传解释："谷，恶木也。"《说文》："谷，楮也。"楮木是一种乔木，叶子像桑，树皮可以造纸。古代富贵人家的棺材，都选用坚硬而难朽的好木材做，但楮木不是好木材。

② 桐木，也是乔木，木材质料轻，可以做琴和箱子，不生虫，比楮木好些，但也容易烂，富贵人家也是不选用这种木材做棺木的。古时候，罪犯死了用"桐棺"，含有惩罚的意思。

（十）不同地方的习俗

主张厚葬久丧的人又说：

"厚葬久丧，如果不是圣王所行的道理，那么，中国的君子为什么仍旧要这样做，而不肯放弃它呢？"

墨子说：

"这就是所谓：'便于那种习惯，而安于那种风俗'罢了。现在让我们来看看其他国家的习俗吧！从前越国东边有个輆沐国，该国的人民，凡是第一个孩子生下来时，他们总将他肢解吃掉，说：'这样对于他的弟弟是好的。'祖父死了，他们就将祖母背去丢掉，说：'鬼的妻子，不可以和她住在一起。'

"楚国南边有个吃人国，凡是父母死了，都将他们的肉剐下来丢掉，然后将剩下来的骨头埋起来，这才算是孝子。

"秦国西边有个义渠国，凡是父母死了，都将尸体放在柴草上，放火焚烧，看到烟气向上熏，就说死者升天成仙了。儿子要这样做，才算是孝子。这些习俗，难道都是圣王之道吗？为什么那些人民都那样做而不肯放弃呢？那是因为在上位的教百姓那样做，而百姓也把那当成一种习俗，所以相传不绝。这就是所谓的'便于那种习惯，而安于那种风俗'了。

"这三个国家的葬埋之法，未免过于简薄；而我们的葬埋之法，则又过于隆厚了。太厚与太薄，都不合于圣王之道。"

可见葬埋之法，应该有一个节制才对。衣食是活人的利益，尚且须有节度；葬埋是死人的利益，又怎么可以没有节度呢？所以厚葬久丧的习俗是应该改革的。

第七节　非乐

关于"非乐论",今本《墨子》仅存《非乐》上篇,中下二篇已佚失,另有《三辩》篇也讲到非乐。

如前文所说,墨子"非乐"的主张,是在"节用"的原则下提出来的。墨子认为"乐,非所以治天下之道",所以"非乐"的观点仍然是实利的。

墨子所谓的"乐"是广义的"乐",包括"钟鼓琴瑟竽笙之乐""刻镂文章之色""刍豢煎炙之味""高台厚榭邃野之居"等。墨子认为这些音乐、雕刻、烹饪、建筑等"美的艺术",都是"奢侈品",都应该废除。这一主张在墨子学说中最受人攻讦。

人的本性是好逸爱美的,谁不喜欢听美妙的音乐,谁不喜欢看美丽的雕刻,谁不喜欢吃美味的食物,谁不喜欢住有高台厚榭的深宅大院呢?即使墨子也不例外。但是在"富贵者奢侈,孤寡者冻馁"(《辞过》篇)的社会里,这些"乐"的享受,只有少数人能有;而他们的享受,却又是"暴夺人衣食之财""厚措敛乎万民"(《非乐上》篇)得来。墨子断然认为这些"乐"是"上考之不中圣王之事,下度之不中万民之利"的,所以,虽与人心相违,墨子也要强加排斥。

对于"美的艺术",墨子并非不会欣赏,也不是要永远废弃它,使天下所有的人都过"若烧若焦"(《荀子·富国》篇)、"自苦为极"(《庄子·天下》篇)的枯燥刻苦的生活;在"兼爱"的大原则下,他着眼的是"万民之利";如果万民的生活水平提高,则对于"乐"的享

第四章 墨子十论

受,也不妨稍事提高。所以他说:

> 故食必常饱,然后求美;衣必常暖,然后求丽;居必常安,然后求乐。为可长,行可久,先质而后文。此圣人之务。(《说苑·反质》篇①)

"先质"而"后文"是他的本旨,倒不是全然重"质"而废"文"。在万民能够"常饱""常暖""常安"之后,才谈得上"求美""求丽""求乐"。若万民不能"常饱""常暖""常安",则少数人享受"美"和"乐",对于万民是不利的。所以墨子不能不反对它。

《非乐》篇中,墨子尤其强调"音乐"的害处。本来,儒家将"乐"与"礼"并重,以为礼乐可以维持社会秩序,调和人的情性,发扬天地和气。君主将它作为与政治相连的例行大事,知识分子把它当作不可或缺的教养。然而在孔子的时代,郑卫的淫乐已进入朝廷,坏礼乐、乱风俗,孔子已发过叹息;到了墨子的时代,这种现象更加严重:礼只重形式的繁文缛节,乐则靡靡之音充斥朝野。过度耽于礼乐的结果,不但浪费人民衣食之财,并且荒废正事。所以,音乐不论从哪个角度看,对于万民都是没有益处的。

姑不论音乐本身对社会人心的影响如何,就乐器的制作及演奏来说,就已劳民伤财。那些富贵者还经常养一批年轻力壮的善舞之人,这些人不但不事生产,且消耗惊人;墨子视劳作为神圣,

---

① 《说苑》:是汉刘向所撰,所录皆春秋、战国、秦、汉间轶闻琐事,共二十篇,与刘向另一著作《新序》体例相同,大旨也相类。《反质》篇这一段话,是记墨子大弟子禽滑釐请教墨子:"锦绣絺紵,将安用之?"而墨子回答他的话语。

他最反对的就是只会消费而不事生产的人。他在《非乐》篇中对这种事大肆攻击，并大声疾呼：

"赖其力者生，不赖其力者不生。"

"非乐论"积极的意义，也便在这两句话。墨子要人节约勤勉，各尽己能，以从事各人分内的职事，这对于国家社会才是有利的。

墨子以足民之财作为治平的先务，为了救当时社会的危急，他的实利主义常着眼于物质，而忽视精神，且有矫枉过正之弊，像"非乐论"反对音乐、美术等精神活动，作为一时救病的良药或者可以，但绝不可作为万世的教化。

本节主要材料取自《非乐》上篇及《三辩》篇。

（一）音乐能拯救天下吗？

墨子说仁者行事，务必要为天下人求福利，为天下人除祸害，以便作为天下人的规范。因此，应以对于天下万民有利与否来决定他的行事：凡是有利于人的，就做；不利于人的，就不做。

仁者既是为天下万民的利益设想，总以增进天下全体的福利为前提，绝不会为满足自己耳、目、口、体的欲望而行事。更何况为追求这些欲望而损及人民的生活，仁者是绝对不做的。

所以，墨子认为音乐等艺术都应该废止。墨子并不是以为钟、鼓、琴、瑟、竽、笙的声音不好听，雕刻绘画的色彩不美丽，牛羊猪狗的肉煎炙烹调的味道不鲜美，或亭台楼阁豪华居所不安适，而是这些既不合乎圣王的行事，也与天下万民的利益不一致。

现在的为政者,以为音乐是统治国家所必要的,所以致力于乐器的制造。然而,制造乐器,不是像取一点水,挖一点土那样简便;他们必定要向百姓增加赋税,聚敛钱财,然后才能制造钟、鼓、琴、瑟、竽、笙等乐器。

古代圣王也向人民征收赋税,但是圣王用它制造舟和车。舟、车有什么用呢?可以使水陆交通方便,上等人家可以省却步行,使他们的腿得到休息;劳作的人,也可以不必背负物件,使他们的肩和背得到休息。所以,人民愿意出钱,而心中不怨恨,因为舟车对他们有益。

假使乐器也能像舟车一样,给人民带来利益,那我也不敢反对。

人民有三种忧患:饥饿的没有饭吃,寒冷的没有衣穿,劳苦的没有休息。如果在这种情况下,让人民击钟、敲鼓、弹琴瑟、吹竽笙、舞干戚①,人民衣食之财就可以得到了吗?墨子以为这是不可能的。

现在天下正陷于混乱,大国攻打小国、大氏族欺负小氏族、强者欺压弱者、人多的侵凌人少的、奸诈的欺骗愚笨的、地位高的傲视卑贱的,外寇内乱、盗贼并起,在这种情况之下,叫人民击钟、敲鼓、弹琴瑟、吹竽笙、舞干戚,天下的混乱就可以平定吗?这也是不可能的。

所以,如果向人民课重税以制造乐器,对于"兴天下之利""除天下之害"是毫无补益的,因此墨子说:"从事于音乐是不对的!"他断然主张废止音乐。

---

① 干戚:干,盾类。戚,斧类。二者都是舞者所拿的武器。

（二）音乐使人荒废正事

音乐的害处，不仅这些。制造乐器，只将它当装饰品是没有意思的。王公大人从高耸的台榭上望下来，一口钟挂在那儿，就像倒覆的鼎一样，不撞击它，有什么乐趣呢？

一定要撞击。但撞击时，不能用老人和小孩，他们不但耳目不聪明，手脚力气也不够，击起钟来，声音不调和，音节不转变。所以，必定要用年轻力壮的人。他们耳目聪明、四肢强壮，音感、动作各方面都好。但是，年轻力壮的男子被征召来做这种事，就会荒废了耕作的正事；如果征调妇女来做，也会荒废了纺织的正事。为政者从事于音乐，姑且不论其他，就只击钟一事，对于人民衣食财用上的损失就已经如此的大，其他乐器的演奏亦然。所以音乐非禁止不可。

乐器一旦齐备，王公大人们如果独自肃然地坐着听，又有什么乐趣呢？势必会聚集官员或人民，一同欢乐。假若和官员一块儿听音乐，就会荒废了公务；若和人民一起听，就会荒废耕田种菜的事。为政者，如果为了生活牺牲人民，醉心于音乐，会引出如此严重的事态，那么音乐应该废止。

（三）兴乐丧国

从前齐康公喜欢舞乐，宫中养了一大批歌者舞者，他将国家大笔经费花费在这些人身上。他不准歌者舞者粗衣粗食，因为吃得不好，会使容貌憔悴丑恶；穿得不好，一举一动看起来都不好看。所以，吃的必定是上等的白米好肉，穿的必须是华美文绣的衣服。

这批人，不从事衣食财用的生产，完全依赖他人供养，而消耗又如此的大。所以，墨子说："当今的为政者醉心于音乐，使人民的衣食财用，受到这么大的损失，所以从事音乐是不对的。"

齐康公即位十四年，也因沉湎于酒色，不理国政，终被宰相田和废黜王位，只分给他一座小城，落得如此悲惨的下场！

（四）勤力始可生存

人类和禽兽不同，对于禽兽来说，羽和毛是它们的衣服，蹄和爪是它们的鞋子，水和草是它们的食物。所以它们雄的不必耕作，雌的不必纺织，衣食都不会发生问题。

人类则不同，人类一定要出力做事，然后才可以生存；若不出力做事，就不能够生存。

假如官员不勉力去办公，社会就会混乱；人民不勉力去做事，财用就会缺乏。

当今天下的士君子，如果以为这些话不对，那么我可以举出天下人分内应做的事，再看音乐对他们所产生的害处。

主政者早晨上朝，晚上退班，裁判刑狱，处理政务，这是他们分内的事。

官吏们用尽他们的智力和体力，在内治理官府，在外从事关卡、市场、山林、河川的管理和税捐，以充实仓廪府库，这是他们分内的事。

农人清早出去，天晚回来，尽力耕田种菜，多聚粟米豆类，这是他们分内的事。

妇人早起晚睡，纺纱织布，多制麻丝葛布绸绢等，这是她们分内的事。

现在，假使主政者沉迷于音乐，他们就不能一早上朝，天黑下班，公正判决刑狱，治理政事，所以社会就要混乱，国家就要陷于危境。

假使官吏们沉迷于音乐，他们就不能再竭尽他们的脑力体力，在内治理官府，在外征收关卡、市场、山林、川泽的税捐，以充实国库。

假使农人们沉迷于音乐，就不能早出暮归，耕田种菜，多聚豆米，如此，粮食就不充足。

假使妇人们沉迷于音乐，就不能早起晚睡，纺纱织布，多制麻丝葛布绸绢等，如此，布帛的生产率就大大降低了。

像这样，音乐会使为政者抛弃政治，人民忘却工作。天下的君子，如果想追求"天下之利"，摒除"天下之害"，则应该断然将音乐废止。

（五）对好乐者的惩罚

我们怎么知道沉迷于音乐是不对的呢？
先王的书上，商汤所定的官刑，曾说：

"常常舞蹈降神，这叫作'巫风'。官员们犯此，当罚丝二十斤；老百姓犯此，加倍处罚。"

《太誓》上说：

> 舞乐洋洋大观，声音响亮动听。可是呀，上帝不喜欢这样，九州的土地就随着丧失。上帝因为他们违反了他的意旨，所以降给他们祸殃，令他们的国家败坏。

细察九州之地沦亡的缘故，都是人君但知醉心于音乐，而不顾国家的大事所致。

《武观》[①]上又说：

> 启荒淫过度[②]，只知舞乐，时常在郊外野餐奏乐，锵锵锽锽，一时管磬的声音齐作。他饮酒无度，游乐无常。在野外进食奏乐时，大家跳起万舞[③]来，是那般闲逸有致。响亮的声音一直传到天上，上帝听了很不高兴。

上帝鬼神都不满意他这种过分游乐的行为，所以不保佑他，而天下老百姓也跟着遭受不利。

（六）圣王不作音乐

程繁问墨子道：

---

① 《武观》，夏代的逸书，叙夏启的儿子五观的事。武观即五观。五观也是夏太康的弟兄。

② 原文作"启乃淫泆康乐"，清代学者惠栋、江声都认为"启乃"是"启子"之误。启子，乃指五观，因启是贤王，他儿子五观才是淫乱之人。但治墨学大师孙诒让不赞同惠、江二人的说法，他认为"乃"字不误。启虽是贤王，但晚年失德好乐。《竹书纪年》《山海经》都盛言启作乐的事。

③ 万舞：又叫"大舞"，宗庙山川祭典所用，有文舞与武舞二种。文舞以羽箭为主，武舞以干戚为主。

墨子：救世的苦行者

"夫子曾经说过：'圣王不作音乐'，然而，从前诸侯工作累了，听钟鼓的音乐来休养精神；士大夫工作累了，奏竽瑟的音乐来休息；农夫春天耕种，夏天割草，秋天收获，冬天储藏，闲时也击瓦盆土器为乐。现在夫子说：'圣王不作乐。'这就譬如使马永远驾车而不卸去车子，将弓永远张开而不肯放松一样，恐怕不是有血气的人所能够做得到的吧！"

墨子说：

"从前尧、舜时，只有茅草盖的屋子，礼乐之制不过如此。等到汤放桀于大海，死于南巢后，统一天下，自立为王，事成功立，没有大的后患了，于是就着先王传下来的音乐，自己又作新的音乐，命名为《护》①，又修《九招》②之乐。

"周武王既灭殷，将纣杀死，统一天下，自立为王，事成功立，没有大的后患了，于是就着先王所传下的音乐，自己又更作新的音乐，命名为《象》；成王即位后，也就着先王传下的音乐，自己创作新音乐，命名为《驺虞》③。

"周成王治理天下不及周武王，周武王治理天下不及商汤，商汤治理天下又不及尧、舜。

"所以，所制音乐越繁复的，对于治理天下也就越不行。这样看来，音乐是不能用来治理天下的了。"

---

① 《护》：又称《大护》，据说是汤命伊尹所作的音乐。
② 《九招》：招与韶同，是舜的乐名，禹又修改它。
③ 《驺虞》：又叫《驺吾》，成王所作乐名。

第四章　墨子十论

程繁说：

"夫子说：'圣王不作音乐。'难道这个不是音乐吗？《护》等就是音乐，怎么说圣王没有音乐呢？"

墨子答道：

"圣王设制，对于事物，凡是不愿它们太多的，必定要限制它们。譬如饮食可以助人生长，对人是很有利益的；肚子饿了，知道吃饭，这是自然的本能。但是如果有人说它是智慧，那就无所谓智慧了。因为这人见识未免太浅，太不聪明了。

"圣王虽有音乐，但是极少，根本不妨碍正事，这也如同没有音乐一样了。"

可见墨子"非乐"，是反对过分耽于乐而误了正事，而不是全然反对"乐"。

第八节 天志

墨子十论中"天志""明鬼""非命"三义,组成墨子的宗教思想。胡适先生以墨子为"一个创教的教主",以兼爱、非攻、明鬼、非命、节葬、短丧、节用、非乐、尚贤、尚同为墨教的信条,并说:"墨子的宗教,以'天志'为起点,以'尚同'为终局。天志就是尚同,尚同就是天志。"墨家团体,虽未必如胡先生所说,为一宗教团体,然在先秦诸子中,墨子确是最具有浓厚的宗教思想的,梁启超先生说:"墨子以宗教思想为其学说全体之源泉。"诚然。

在《墨子·公孟》篇,墨子批评"儒之道足以丧天下者四政焉",第一项便是指责"儒以天为不明,以鬼为不神,天鬼不悦,此足以丧天下"。我国自古便有天道观,控制人的心灵,但墨子的时代,政治潮流已由神权进入君权,一部分开明的人士,对于天道和鬼神已渐生怀疑,所以墨子对儒家有如此的指责。然而神权思想仍深植民心,墨子因而利用这一点而建立"天志""明鬼"之说,一则想以天来统一天下意见,再则想借天帝鬼神的制裁力量作为改造社会政治的后盾。后人以墨子思想中神鬼色彩太浓厚,讥他恢复三代原始宗教思想为开倒车,其实,他的社会意识重于宗教意识,他不是教人迷信天帝鬼神,或倚赖天帝鬼神;他也不谈人死后的补偿或报应。他的尚天志,明鬼神,只是实施他的新政治社会理想的一种方法而已。墨子可以称为"实用的宗教家"。

第四章　墨子十论

墨子以为天有意志，并且以天的意志作为衡量一切事物的标准。天对人类，就像国君管理境内的子民一样，天下没有一个地方不是他的土地，没有一个人不是他的子民。胡适先生认为："墨子不愿齐、晋、楚、越四国之中，哪一国用兵力统一中国，所以想用天来统一中国。"墨子的天志鬼神观，是配搭于政治上说的，他没有离开政治而独言宗教，也没有建立政治以外的宗教组织，所以不同于一般的宗教团体。墨子自己也只以"明天志"自居，而不以自己为代表天的意志者；他以君主为代表天的意志者。这也是周初以君主代表天帝，以行天命的旧传统思想。

墨子对于"天"的含义可以简列为下列六点：

（1）天，是有意志的人格神。天欲人相爱相利，不欲人相恶相贼。

（2）天，无时不在、无所不在、无所不能。

（3）天，至高、至贵、至智。

（4）天，是天下的主宰，政治的最高权源。

（5）天，是义之所从出，是人类言行的标准。

（6）天，是造物主，能赏善罚暴。

他还提出了"天德"与"天贼"二观念。"天德"以义治人，是顺天意而行的，如三代圣王尧、舜、禹、汤、文、武所为便是；"天贼"以力治人，是反天意而行，如三代暴王桀、纣、幽、厉所为都是。顺天意者得赏，反天意者得罚。

墨子一再阐明"天志"的主旨及"赏善罚暴"的权能，不外是想"借天行道"，利用人民对鬼神的信仰，以宗教力量的制裁，达到他"求兴天下之利,而除天下之害"的目的,可谓用心良苦!所以墨子的天志说也与其他学说一样,仍是以应用于人生行为、求合国家百姓之利、缔造大多数的幸福为最终目标。

本节主要材料取自《天志》上、中、下及《法仪》诸篇。

(一)得罪于天则无可逃遁

墨子说:当今天下的士君子都知道小道理,而不知道大道理。何以见得呢?这可以由下列情形看出来。

譬如一个人在家里得罪了家长,还有邻人的家可以逃避。然而父母兄弟以及相识的人都要警戒他,说:

"不可以不警戒呀!不可以不谨慎呀!哪里有住在家里而可以得罪家长的?这还行吗?"

非但处家如此,就是处国也是如此。在这个国家得罪了国君,还有邻国可往逃避,然而父母兄弟以及相识的人都要警戒他,说:

"不可以不警戒呀!不可以不谨慎呀!哪里有住在这国而可以得罪这国国君的?这还行吗?"

以上这两种情形,都是有地方可以逃避的,然而尚且要这样深切地警戒,何况没有地方可以逃避的,那大家岂不是要更加警戒才行吗?古语曾经说过:

"在青天白日里,若做了错事,有什么地方可以逃避呢?"

回答说:"无处可以逃避。"

上天鉴察分明,虽是高林深谷,幽僻无人的地方,上天都看得很清楚。然而天下的士君子,对于上天反而疏忽,不知道互相警戒。从这一点来看,我就知道他们是知小而不知大的。

(二)以天志为法则

墨子说:无论做什么事,都不可以没有法则;没有法则,而事情能做成功的,那是从来不曾有过的事。虽是士人将相,都有一定的法则;就是做工匠的,也都有法则遵守。工匠画方形用矩尺,画圆形用圆规,画直线用绳墨,量偏正用悬锤。无论是不是巧工,都把这四种工具当作法则。巧工能够恰合法度,不巧的虽不能恰合,但是依着法则模仿着去做,仍然胜过自己随意画的。所以,百工制造物件时都遵守法则。

墨子以为天的意志,可以作为人类行事的法则。"天志"可以用来量度天下的统治者,考量他们的刑政设施,也可以用来量度万民的意识行为与言谈。凡是顺从天志的,都是好的;不顺从天志的,都是不好的。以天志为标准来度量天下的王公大人和卿大夫们仁与不仁,就像分别黑白一样,立即可以辨明。

自从墨子置立了"天志"来作法则,我们才知道:天下的士君子距离所谓"义"还远着哩!何以知道?因为那些大国的国君都用一种叫嚣式的语调,高唱侵凌邻国的论调,说:

"我既有大国,若不去攻打小国,又怎能算是大国呢?"

于是,他们聚集谋臣战将,分遣舟车队伍,去攻打无罪的国家。攻入该国的国境,将禾麦割去,砍伐他们的树木,摧毁他们的城郭,填没他们的沟池,焚烧他们的祖庙,屠杀他们的牲口;人民抵抗的都遭杀害,不抵抗的都把他们俘虏回去,男的当仆役马夫,叫他们做苦工,女的就做斟酒的奴婢。而一般喜欢攻战的国君,不知道这是不合乎仁义的,反而得意地去告诉他的四邻诸侯,说:

"我攻打某国,将该国的军队打得大败,杀了他们的将领多少人。"

邻国的国君也不知道这是不仁义的,于是预备皮革货币,派人前往道贺。喜欢攻战的国君,这一来更不知道这事是不合乎仁义的,于是将那些战胜的事写在竹简上,记在素帛上,收藏在府库之中。后世的继承者要遵行他的先君的遗训,必定要说:

"何不打开我们的府库,看看我们的先君遗下的教训是怎样的呢?"

这上面必定不会说文王和武王是怎样治理天下的,必定是说:

"我攻打某国,将他们的军队打垮,杀了若干将领。"

所以，喜欢攻战的国君不知道攻战是不合乎仁义的，他的邻国的国君也不知道，因此，攻战世世代代传下去，永不休止。这就是我所说的：对于大事，反而不知道。

（三）怎样就是顺从天志？

怎样才是顺从天的意思呢？

兼爱天下的人，就是顺从天的意思。

何以知道兼爱天下的人，是顺从上天的意思呢？

因为上天享食天下人民所有的物产。

何以知道上天享食天下所有人民的物产呢？

因为从古至今，无论如何遥远偏僻的国家，都要养牛羊，喂猪犬，预备洁净的酒饭，很恭敬地去祭祀上帝山川鬼神，因此知道上天是享食天下一切人民的物产的。

上天既然享食天下人民的供祭，就必定要兼爱天下的人民了。这正好比楚国和越国的国君一样，楚王享食楚国境内的赋税物产，他就爱楚国的人民；越王享食越国境内的赋税物产，他就爱越国的人民。现在上天享食天下一切的赋税物产，所以知道他必定兼爱天下的人民。

（四）上天怎样兼爱天下的人？

上天兼爱天下的人，不仅享食天下一切赋税物产一事可证明，另外还有些事也可证明，例如现在若是有人杀害了一个无辜的人，必定会遭到灾祸。那么请问：杀无辜的是谁呢？是上天的子民。

降凶祸的又是谁呢？是上天。倘若上天心中实在不爱这些百姓，为什么有人杀害了无罪的人时，上天要降给他凶祸呢？由这一点可以知道上天爱百姓是极深厚的，是极普遍的。

何以知道天是这般的爱护百姓呢？我们可从贤者必赏善罚暴而知道。

何以知道贤者必定要赏善罚暴呢？我们可从三代的圣王的行事上知道。

从前三代的圣王，如尧、舜、禹、汤、文、武等，都是兼爱天下的人民，使他们都受到福利，率领着他们去敬事上帝山川鬼神。上天以为这些圣王能爱他所爱的人，能施福利于他愿施以福利的人，于是大大地赏赐他们，使他们居上位，为天子，以作表率；而天下的百姓也都赞扬他们，虽至万世之后，仍受人赞美，称之为"圣人"。由此可以证明上天赏赐善良。

从前三代的暴王，如桀、纣、幽、厉等，兼恶天下的人民，贼害他们，率领着他们去侮慢上帝山川鬼神。天以为这些暴王施恶于他所爱的人，贼害他所要施以福利的人，于是大大地处罚他们，使他们父子离散，国家灭亡，丧失社稷，身处忧患；而天下百姓也都毁骂他们，虽历经万世之后，仍毁骂他们，称之为"暴王"，这就是上天罚暴的证明了。当今天下的士君子，若要行事合乎义，就不可以不顺从天的意志。

（五）天喜欢什么？厌恶什么？

天喜欢"义"，而厌恶"不义"。率领天下的人民，去行合乎义的事，那么我们就是在做上天所喜欢的事了。我们做上天所喜欢的事，上天也会做我们所喜欢的事情。我们喜欢什么？厌恶什么？我们一般人都喜欢福禄而厌恶灾祸，如果我们不去做天所喜欢的事，反而去做天所不喜欢的事，我们就无异于率领天下人民去求灾祸了！

上天为什么喜欢义，而厌恶不义？因为天下的事物，合乎义的才能存在，不合乎义的必定灭亡；合乎义的方能富足，不合乎义的必定穷困；合乎义的才会治理，不合乎义的必定混乱。上天既然喜欢人类滋生，不喜欢他们死亡；喜欢他们富足，不喜欢他们穷困；喜欢他们治理，不喜欢他们危乱，从这一点我知道上天喜欢合乎义的事，而厌恶不合乎义的事情。

（六）天高于天子

义是用来匡正人的，不能由下面的来匡正在上位的人，必须由地位高的匡正地位低的。所以老百姓竭力做事，也不能任凭自己的意思去做，还有士人在上面匡正他。士人竭力去做事，也不能任意去做，有卿大夫在上面匡正他。卿大夫竭力去做事，也不能任意去做，有三公和诸侯在上面匡正他。三公诸侯竭力去做事，也不能任意去做，有天子匡正他。而天子也不能任意去做，还有上天来匡正他。天子管理三公、诸侯、卿大夫、士、庶人，这是天下人知道得很清楚的。至于上天管理天子，天下的百姓恐怕还不知道哩！从前三代圣王，如禹、汤、文、武等，想使天下的百姓都知道上天是高于天子的，所以都喂牛羊，养猪犬，预备很洁净的酒饭，去祭祀上帝鬼神，向上天求福。我们从来就不曾听说过上天向天子求福。所以我们知道：天是高于天子的。

（七）义出自至贵至智的天

墨子说："当今天下的士君子，若要行仁义，就不可以不考察义的由来。"

义是从何而来的呢？

墨子说："义不是从愚笨和卑贱出来的，义是从尊贵和聪明那方面出来的。"

何以知道义不是出于愚笨卑贱的，而必定是出自尊贵与聪明呢？

墨子说："因为义的解说就是'正当'。"

何以知道义的意思就是"正当"呢？

墨子说："天下有义就治，无义就乱，所以知道义就是正当合宜的意思。因为愚笨卑贱的，不能匡正聪明尊贵的；而聪明尊贵的，却能匡正愚笨卑贱的，由此可知义不出自愚笨与卑贱，而必定出自尊贵与聪明。"

那么谁是尊贵的呢？谁又是聪明的呢？

墨子说："只有天是尊贵的，天是聪明的，所以义实在是出于上天的了。"

现在天下的人都说："天子比诸侯尊贵，诸侯比大夫尊贵，这是我们确实知道的，但是天比天子更尊贵，比天子更聪明，这个我们却未曾晓得哩！"

墨子说："我之所以知道天比天子尊贵，比天子聪明，也有我的理由。因为天子若行善，天能赏赐他；天子若暴戾，天也能处罚他；天子若有疾病灾祸，必须要斋戒沐浴后，预备洁净的酒饭，去祭祀天与鬼神，天才能将他的疾病灾祸除去。但是我从来不曾听说天向天子祈福,所以我知道天的尊贵与聪明实居天子之上。不仅如此,我们又可从先王的书籍上得到更多的证据。书上曾训释天的明道说:'聪明圣哲的,就是上天,将他的光明照临天下。'这是说天的尊贵聪明在天子之上。"

不知是否还有比天更尊贵、更聪明的?

墨子说:"只有天是最尊贵的、最聪明的,所以义实在是出自上天的意志。"

(八)"天德"与"天贼"

顺从天的意志就是实行兼爱,违反天的意志就是分别亲疏。实行兼爱就是以"义"去治人,分别亲疏就是以威力去治人。

以"义"去治人是怎样呢?

大国不攻打小国,强盛的不欺负弱小的,人多的不贼害人少的,尊贵的不傲视卑贱的,富庶的不看轻贫穷的,少壮的不侵凌衰老的,天下所有的国家都不用水火毒药兵器互相贼害。这样便上有利于天,中有利于鬼神,下有利于人民,三者都受到利益,这就叫作"天德"。凡是从事于此事的,都是圣哲聪明、合乎仁义、忠诚仁厚、讲慈爱、行孝道的,所以要以天下最好的名称加在他们的身上。这是什么缘故呢?就是因为他们顺从天的意志。

以威力治人的又是怎样呢?

大国攻打小国,强者欺侮弱小,人多的贼害人少的,机诈的欺骗愚笨的,尊贵的傲慢卑贱的,富庶的看轻贫穷的,少壮的侵凌年老的,天下所有的国家都一齐用水火毒药和兵器互相贼害。这样便上不利于天,中不利于鬼神,下不利于人民,三者都受到损害，这就叫作"天贼"。凡是从事于这些事的，都是扰乱治安的匪寇，都是盗贼，是不仁不义、不忠诚、无恩德、不慈爱、不孝顺的，所以要以天下最坏的名称加在他们身上。这是什么缘故呢？就是因为他们违反了天的意志。

（九）不仁不祥的人

我们知道天下有一种不仁爱与不吉祥的人，例如儿子不敬事父亲、臣子不敬事国君、弟弟不敬事兄长，这都是天下的君子所称为不仁不祥的人。现在上天爱护天下的人是如此的深厚：将日月星辰分开，以照耀天下；制定春夏秋冬四时，以为纲纪常度；降下雪霜雨露，使五谷生长，丝麻顺遂，使人民得以供给财用。又分列山川溪谷，广布各种事业，设定王公侯伯，以监察人民的善恶，赏赐贤良，惩罚贪暴，征收五金、木器、鸟兽而用之，从事于五谷与丝麻的生产，以供给人民的衣食财用，从古到今，都是如此。现在假使此地有一个人，极喜欢他的儿子，为他儿子的利益竭力去做事，等到儿子长大了，却不报答父亲的恩惠，那么天下的君子都要说他不仁不祥。现在上天对于天下人一律爱护，对于万物一齐施以惠利，纵使是细微到秋毫之末，也没有不是上天所创造的；而人民得享此福利，上天爱人可算得深厚了，然而人民不仅不知道报答上天的恩惠，而且也不知道这是不仁不祥的事。

所以，墨子感慨：现在天下的人只明白小事，而不明白大事！

第九节　明鬼

　　上节说过，墨子提倡"天志"，是为了欲人"兼相爱，交相利"，并以天为最高政治权源，"借天行道"以实现他改革社会的理想。《墨子》书中，《明鬼》上、中、下三篇，现在仅存下篇，上、中二篇已阙，然而从这仅存的下篇，我们也不难看出，墨子也是为了人民的实际利益而鼓吹"明鬼"。

　　在墨子的时代，政治潮流已由神权进入君权，很多人对"天道"和"鬼神"已发生怀疑，我们在《论语》里面不是看到"子不语怪、力、乱、神"（《述而》篇）的话吗？这时，一些知识分子已逐渐摆脱天与鬼神的羁绊。墨子怕一般民众一旦也不信鬼神，将无法约束行为而为非作歹，于是利用仍在中下层社会有影响力的神权思想，极力申明鬼神的存在和制裁力，借以防止人们相恶相贼，以增长互爱互利。

　　《明鬼》下篇凿凿有据地以极大篇幅引述见诸史书或传闻的许多鬼神故事，如杜伯、句芒、庄子仪、祐观辜、中里徼等，有人鬼、山川之神，也有天神，这些鬼神是能复仇、能赐福、能施罚的。他不厌其烦地用"三表法"，由正面、反面来证明鬼神的存在。当然，他称述这些鬼神故事，目的并不止于要人相信鬼神的存在，还更进一步欲令人相信鬼神有"赏善罚暴"的能力，告诫人不可滥杀无辜，借以发挥其使民行义，改造政治社会的功能。因为人民如深信鬼神，做事便会向着爱人利人的方面，本着自己的力量，尽自己的责任，本分地去做。鬼神见善必赏，见恶必罚，这样一来，人人便自然乐于为善，而不敢为恶了。

《明鬼》篇中所言鬼神有三类：

（1）天鬼
（2）山川鬼神
（3）人鬼

"天鬼"有如西洋基督教《旧约》中的"天使"，是善的代表，与"山川鬼神"都是帮助人类的。即使连那"人死而为鬼"的"人鬼"，大都是秉持正义，赏善罚暴的。在"明鬼论"中没有凶神厉鬼。

墨子常说"上利于天，中利于鬼，下利于人"，可见"鬼"介于"天"与"人"之间，为天人之间的媒介。而墨子又认为"鬼神明智乎圣人"（《耕柱》篇）。鬼神的聪明既超越圣人，而鬼神的地位又在人之上，所以鬼神当然具有支配、监察人的能力。

要建立鬼神的威权，需要有具体的祭祀形式。墨子是主张节用、节葬的，当然对于祭祀也不主张靡费。他认为"称财为度"洁斋以祭便可以，不在乎形式的繁复、物质的多寡，主要在心诚意敬。所以，儒家末流那种不信鬼神而重祭祀形式，且又竞尚虚文的做法，墨子最是反对。在《公孟》篇他曾讥评："执无鬼而学祭礼，是犹无客而学客礼也，是犹无鱼而为鱼罟也。"儒家不深信鬼神，而讲求祭礼丧礼，只不过是为求情感的满足。胡适先生说，这是用"慎终追远"的手段来做到"民德归厚"的目的（见《中国哲学史大纲》第六篇第四章第四"明鬼"一节）。胡先生又说：

墨子明鬼的宗旨，也是为实际上的应用，也是要"民德归厚"。但是他不肯学儒家"无鱼而下网"的手段，他是真信有鬼神的。

墨子还说，真有鬼神而行祭祀，固然有其价值；如真无鬼神而行祭祀，也不失其意义。因为祭祀时，宗族乡里之人欢聚一堂，可借此机会亲睦乡里族人，这不是附带而来的社会功能吗？胡先生称儒家的宗教为"孝的宗教"，那么，墨子的宗教该是"实用的宗教"了。

（一）鬼神也能赏善罚恶

墨子说：自从三代圣王死后，天下人便都不讲道义，诸侯之间用武力互相征伐，人君对于臣下不肯施恩惠，臣子对于主上不肯尽忠心，父兄对于子弟不慈爱，子弟对于父兄不孝敬，官长不肯认真办公，平民不肯努力去做事，人民又从事淫乱、凶暴、抢劫、偷盗的事，用兵器毒药和水火在路上劫害无辜之人，抢人车马或衣服而自利，种种害人的行为一齐从此开始，所以天下乱了。这是什么缘故呢？这都是百姓们对于鬼神的有无疑惑不定，对于鬼神的能够赏善罚暴这一层未深信所致。现在假使天下人都相信鬼神能赏善罚暴，天下怎么会混乱呢？

（二）鬼神存在的例证

主张没有鬼神的人说："鬼神是没有的。"早晚用这话去向天下人宣传，惑乱天下人的心，使天下人对于鬼神的存在都怀疑不定，因此天下就乱了。所以墨子说："当今天下的王公大人和士君子们，如果真想为天下人求福利，替天下人除患害，那么对于鬼神的有无，是不可以不考察清楚的。"

怎么去将鬼神的有无考察清楚呢？

墨子说："要考察一件事情的有无，必须以众人耳目所闻见，实际的经验作准。如果听到看到，就必定以为有；假使不曾听见，不曾看见，就必定以为没有。既然如此，何不到一个乡里去，询问该地的居民。倘若他们说：从古到今，有人曾见过鬼神的形状，听过鬼神的声音，那怎么可以说鬼神是没有的呢？假使他们说：没有人看见过鬼神的形状，听见过鬼神的声音，那怎么可以说鬼神是有的呢？"

主张无鬼神的人又说："天下人说曾听见过鬼神的声音，看见过鬼神的形状的，不可胜计；但究竟有谁真的听见过鬼神的声音，看见过鬼神的形状呢？"

墨子说："若以众人所共同看见的，众人所共同听见的作准，那以下我要说的杜伯、句芒神、庄子仪、祏观辜、王里国、中里徼的事情就是鬼神存在的例证。"

（三）杜伯复仇

杜伯是周宣王的臣子。杜伯不曾犯死罪，周宣王却将他杀了。杜伯临死时说："我不曾犯死罪，而国君却要杀死我。死者若无知，也就罢了；倘若死者有知，不出三年之内，必定要使国君知道！"

到了第三年，宣王会合诸侯在圃田打猎，车子有数百辆，随从有数千人，布满野外。到了正午时，杜伯忽然出现，坐着白马素车，穿着朱红色的衣服，戴着朱红色的冠帽，拿着朱红色的弓，挟着朱红色的箭，追赶周宣王，对着他的车放箭，一箭射中宣王的心窝。宣王的脊梁折断了，跌倒在车里，伏在弓袋上死了。当时，周人参加田猎的都亲眼看见这事，远方的人都听见这事。这事曾记载在周的国史上。为人君的都以此事教训他的臣子，为人父的都以此事警戒他的儿子，说：

"戒惧！谨慎！凡是杀无罪的人，他得到凶祸，受鬼神的诛罚，是这般的快啊！"

照这书上所说的看来，鬼神的存在，有什么可以怀疑的呢？

（四）句芒神①赐福

从前秦穆公有一天正午时，在庙里看见一个神人从门外进来。这位神人面鸟身，穿着素色的衣服，绲着黑色的边，脸形正方。穆公见了大为惊惧，急忙逃走。那神说道：

"不要害怕！上帝嘉许你的明德，命我给你添寿十九年，使你的国运昌隆，子孙兴旺，不失秦国。"

穆公再三叩拜，说：

---

① 句芒神：春天的神，属木，一名勾芒，相传为鸟身人面。

"请问尊神的大名。"

神说:

"我乃句芒神是也。"

若以秦穆公所亲见的事儿为准,那鬼神的存在,又岂容人怀疑呢?

(五)庄子仪显灵

从前燕简公的臣子庄子仪不曾犯死罪,燕简公将他杀了。庄子仪临死的时候说:

"我是无辜的,而国君却要杀我;死人倘若无知便罢,死人若有知,不出三年,我必定要使吾君知道厉害。"

一年后,燕人将往祖泽举行大祭——燕国的祖泽①,犹如齐国的社稷、宋国的桑林、楚国的云梦一样,是全国男女百姓集合的大场所。到了正午时分,燕简公正驾着车子在祖泽的大路上跑,庄子仪突然出现了,拿着一根朱红色的拐杖来打简公,当头一杖,简公倒在车上死了。这个时候,燕人跟随的都曾亲眼看见,远方的人也都闻知这事。这事曾记在燕国的国史上。诸侯都把它当作

---

① 祖泽:地名,燕祀神的地方。

谈话的资料，说：

"凡是杀无罪的，他获得凶祸，受鬼神的诛罚，是如此这般的快啊！"

照这个记载看来，鬼神的存在怎么可以容人疑惑不信呢？

（六）祐观辜受神诛

宋文公鲍君的时候，有一个臣子名叫祐观辜，他是掌管祭祀的。有一次他到神祠里去，厉神附在祝史的身上，拿了一根木杖出来，对观辜说道：

"观辜！为什么珪、璧①都不合规定的度量，酒饭都不洁净？祭祀用的牛怎么不肥壮？毛色怎么不纯？春夏秋冬所献的祭品都失其常时，这是你做的事吗？还是你的国君鲍做的事呢？"

观辜说：

"鲍年幼，还在襁褓中，怎么会晓得这些事呢？这都是我这个执事之臣观辜所做的。"

---

① 璧：古代玉名，祭神用器。珪上圆下方，璧外圆内方。

于是祝史举起木杖就敲了下去，把观辜打死在坛上。当时，宋国人在场的都曾亲眼看见，远方的人也都听见这件事情。这事曾记载在宋国的国史上。诸侯都互相传说这件事，都说：

"一般对于祭祀不恭敬、不谨慎的，鬼神的诛罚，是这样的快速啊！"

照这项记载看来，鬼神的存在，有什么可以怀疑的呢？

（七）死羊触断中里徼的脚

从前齐庄公有两个臣子，一个名叫王里国，一个名叫中里徼。这两个人打了三年的官司，讼案还不能判定谁是谁非。齐庄公想将他们二人都杀掉，又恐怕误杀那个无辜的；想将他二人一起释放，又恐怕将有罪的开脱了。于是齐庄公命他们二人牵一头羊，前往神祠去发誓。两人都答应了，遂各自发誓，先将羊杀了，把羊血洒在社土上。王里国的誓词读完后，便宣读中里徼的誓词，中里徼的誓词尚不曾读至一半，死羊突然跳了起来，触中里徼，把他的脚给触断了。守社的见死羊显灵，就将中里徼击死在他发誓的地方。那时齐国的人当场的都曾亲眼看见，远方的也都听见这件事。这事曾记在齐国的国史上面。诸侯们都互相传说这件事，都说：

"发誓昧心不诚实的，鬼神诛罚的降临是这样的快啊！"

照这项记载看来，鬼神的存在，实在不能怀疑。

所以墨子说："虽是深山高林，幽微隔绝无人的处所，行事都不可以不谨慎，因为有鬼神在旁边看着！"

（八）古代圣王对鬼神的信仰

现在主张无鬼的人说：

"由普通人耳目所得来的情实，怎么可以解释这疑点呢？哪里有要做上士君子的知识分子，反而相信普通人耳目所见闻的情实呢？"

墨子说：

"如果认为众人耳目亲自见闻的情实不足信，不可以用来解释这疑点，不知道三代圣王尧、舜、禹、汤、文、武可以作为法则吗？"

中等以上的人都说：

"三代圣王是足以为我们的法则的。"

从前的三代圣王，既然可以作为我们的法则，那么现在且来看这几个圣王的事迹是怎样的：

当初周武王既灭了殷，诛戮纣王后，命令诸侯们分掌殷商的祭祀,说:"同姓的诸侯主掌殷祖先之祀,异姓的列侯祭山川四望之属。"可见周武王必定以为鬼神是有的,所以他灭了殷之后,还命诸侯分掌祭祀。假使真没有鬼神的话,武王何以要分派祭祀呢?

不只是武王的行事如此,古代圣王行赏必在祖庙,行罚必在祠社。行赏为什么一定要在祖庙呢?因为要显示鬼神,他分配得平均。行罚为什么一定要在祠社呢?因为要显示鬼神,他处断公允。

而且虞夏商周的圣王,他们最初建国营造都城时,必定先要在国中选择一个适当的地方修造祖庙;必定要选择一个草木茂盛的所在立为神祠;必定要在国中选择慈孝善良的父兄,命他们去做太祝和宗伯;必定要在六畜中挑选肥壮的、纯色的作为牺牲祭神。珪、璧、琮、璜①等祭祀用的玉器,都要适合自己的财力为度。五谷中,必须选择黄熟芳香的去酿酒造饭;酒饭等祭器的多寡,都须依每年年成的好坏而定。所以古代圣王治理天下,必定先要去照管鬼神之事,然后再顾到人事,就是因为这个缘故。所以说:官府中的设备以先治祭器祭服为急务,将他们都预备齐全,一齐收藏在府库中;将太祝、宗伯等分派停当,使他们一齐立于朝廷之上。祭神用的牲畜,平时不与通常养的牲口聚在一起。古代圣王为政的方法是这样的。

古代圣王必定以为神是有的,所以他们对于鬼神之事才这般的关切,这般的重视,还恐怕后世子孙不能够知道他们的用心,所以又写在竹简上面,记在素帛上面,传给后世子孙;又恐怕他们腐败蠹坏了,因此绝迹,而后世子孙把他们忘怀,所以更琢在

---

① 珪、璧、琮、璜:珪、璧见前注。琮,形八角,象八方。璜是半璧。都是祭祀用的玉器。

盘盂上，刻在金石上，以昭慎重；还恐怕后世子孙不能恭敬小心地事奉鬼神，获得福禄，因此先王的书上记载着圣人说的话。虽是一尺帛上、一篇书上，论到鬼神的事是数见不鲜，并且重重复复的，说了又说，这是为何呢？因为圣王以敬事鬼神为急务啊！现在主张无鬼神的人说："鬼神原来是没有的。"这乃是与圣王的行事相违反；违反圣王的行事的，就不是君子所行之道！

（九）先王书上的记载

现在主张无鬼神的人说：先王的书上，既然每一尺帛上、每一篇书上，都再三说鬼神是有的，重重复复地讲了又讲，那么究竟哪本书上这样讲的呢？

墨子说：《诗经·大雅》上面就有。《大雅》① 说：

> 文王在万民之上，其功德显著于天。
> 周虽是旧邦，但所受天命却是新的。
> 周的德业光显，天命常在。
> 文王殁后，神灵升降于宇宙间，常在天帝左右。
> 威仪穆穆的文王，他的声名将永垂不朽。

如果没有鬼神，文王死后，他怎么能够在天帝的左右呢？因此我知道《周书》上说鬼神是有的。

---

① 墨子未注明出自《诗经·大雅》哪一篇，原文作："文王在上，于昭于天；周虽旧邦，其命维新。有周不显，帝命不时。文王陟降，在帝左右。穆穆文王，令闻不已。"除了末三句外，其余与今本《大雅·文王》篇首章相同。

墨子：救世的苦行者

假若只有周朝的书上说有鬼神，而商朝的书上说没有，那么有鬼之说仍不足信。现在让我们来看看商代的书上是怎样说的。《商书》^①上说：

> 唉！当古代夏朝还没有发生祸患的时候，一切的兽类爬虫以及飞鸟，没有不依道而行的，何况人类，谁敢怀有二心？山川鬼神，没有不安宁的。治理天下的人，假如能恭敬诚实，就可以将天下统一，永保而不失。

我们知道，那山川鬼神之所以不敢不安宁，就是因为要协助禹的规划啊！因此，我知道商朝的书是主张有鬼神的。

若只有商朝的书上说有鬼神，而夏朝的书上却不这么说，那么有鬼神之说仍不足信。现在我们再来看看夏朝的书上怎么说。《禹誓》^②上说：

> 将要在甘地^③发动大战，王乃召唤左右六军的将领听训。王说：有扈氏^④轻蔑侮辱我这应运而兴的帝王，怠慢废除王朝所规定的历法。上天因而要断绝他的国运。有扈氏还说："我之有天下，有如太阳在正午的时候一样，其威无比，无人能

---

① 墨子只提《商书》，未提篇名。这段文字的出处无可考证。
② 《禹誓》就是今本《尚书·虞夏书》中的《甘誓》，但文字有一点不同。誓，是战时誓师之词。此文为夏朝国君与有扈国战于甘地的时候的誓词。这夏朝的国君是谁？有人说是禹，有人说是启，也有人说是夏后相，到现在还没有定论。不过墨子既作"禹誓"，则作者认定这是大禹王的誓词。
③ 甘：是地名，在今陕西鄠邑区北。
④ 有扈：国名，姒姓，在今陕西鄠邑区北。

第四章 墨子十论

灭我！"今天我要和有扈氏拼一死战！你们所有的官兵百姓，我并不要你们的田地和珍宝，我不过是在替天施行诛罚罢了。车子左面掌射的和车子右面执戈的，若玩忽你们的职守，那你们就是不恭谨于我的命令。驾车的如不将马驾驭好，也是不恭谨于我的命令。你们要是听从我的命令，我就报告祖先的神灵赏赐你们；要是不听从命令，我就在社神的牌位之前加以杀戮。

所以行赏时必定要在祖庙里面，行罚时必定要在神祠里，以表明分配的平均以及处理的公正。古代圣王的意思，必定以为鬼神是要赏赐贤人的，必定要诛戮贪暴的，所以他们才定要在祖庙里行赏赐，在神祠里行罚戮，我因此知道夏朝也认为鬼神是有的。

所以上古有《夏书》，其次有《商书》，有《周书》，都再三地说鬼神是有的。说了又说，这是什么缘故呢？就是因为圣王看重这事。照这些记载上所说看来，鬼神的存在还有什么可疑的呢？并且古时在丁卯吉日，须祭祀土地和四方神灵，年终时祭祀祖先，以求延年益寿。假使没有鬼神的话，向谁去求延年益寿呢？

所以墨子说："应当相信鬼神能够赏赐贤良，诛戮贪暴啊！"因为具有这种观念后，去治理国家，去治理万民，国家才能治理得好，人民才能获得利益。譬如：官吏不清廉，男女若混杂没有分别，鬼神却看得见；人民若做淫邪横暴之事，扰乱治安，偷盗抢劫，使自己得到利益的，鬼神也都看得见。若具有这一信念，官吏就不敢不廉洁自爱；见有贤人，就不敢不赏；见有贪暴，就不敢不罚。而人民原来做坏事，扰乱治安的也因此绝迹，所以天下就太平了。

（十）祭祀的功能

现在主张无鬼论的人说："主张有鬼神，这或许不利于父母，而有害于孝子之道吧？"

墨子说：古往今来的鬼神，有天上的鬼神，有山川的鬼神，也有人死后变成鬼的。虽然也有时候儿子比父亲先死，弟弟比哥哥先死的，但是照天下的常理来说，总是先生的先死，那么先生的不是父亲就是母亲，不是哥哥就是姊姊了。现在预备洁净的酒饭，恭敬小心地去祭祀，假使鬼神真有的话，这无异于把父母兄姊请来进饮食，这对于他们不是很有益处吗？假使鬼神实在没有的话，这不过是稍微破费了一点钱财，去预备酒饭和祭畜罢了；而且所谓破费，并不是把酒饭等祭品倒在沟里白丢掉呀！而是内而宗族，外而乡里，都可以请他们来饮宴。纵令鬼神真的没有，这样也可以联欢聚会，连络乡里的感情呀！现在主张无鬼神的人说："鬼神本来就是没有的，所以不必花费钱财，去预备这些酒饭牺牲等祭品。"这不是爱惜钱财，舍不得去预备酒饭牺牲等祭品吗？他们这样又得到什么好处呢？他们这种行为，从上说，违反了圣王书上所说的话，从内说，违背了人民孝子的行事。你如果想做天下的上士，这实在不是做上士所应行之道。

所以墨子说：现在我们去祭祀鬼神，并不是把祭品倒在沟里抛弃掉，而是上以求鬼神降福，下以联欢聚会，联络乡里间的感情。

假使鬼神是真有的，那就是把我们的父母兄姊请来共食，这不是很好的事情吗？

当今天下的王公大人、士君子们，心中如果真正想为天下人求福利，为天下人除患害，那么对于"鬼神存在"之说，是不可以不加以重视，不可以不加以阐明的！因为这样才是圣王所行之道。

第十节　非命

墨子的"非命论"，是从"天志""明鬼"的宗教思想体系发展而来的，他所反对的是充塞当时社会、麻醉人心已久的"命定"之说。他既坚信天帝、鬼神，但又不信命运，乍看之下，似乎是矛盾的，其实并不然。胡适先生有一段话说得很清楚，他说：

> 墨子既信天，又信鬼，何以不信命呢？原来墨子不信命定之说，正因为他深信天志，正因为他深信鬼神能赏善而罚暴。……墨子以为天志欲人兼爱，不欲人相害，又以为鬼神能赏善罚暴，所以他说能顺天之志，能中鬼之利，便可得福；不能如此，便可得祸。祸福全靠个人自己的行为，全是各人的自由意志招来的，并不由命定。若祸福都由命定，那便不做好事也可得福；不做恶事，也可得祸了。若人人都信命定之说，便没有人努力去做好事了。（《中国哲学史大纲》第六篇第四章第五节"非命"）

这话不是说得很明白吗？虽有天志、有鬼神，人还要"自求多福"，不可只坐而听天由命。一个人的祸福是自己的行为所招来，不是命定的，天也只扶助自助的人。如果一切都是命定，那么上天与鬼神的赏罚将失去效力，因此也就没有人肯努力去做好事儿了。墨子倡导"非命说"，是为激励人们奋斗而立论，理由是相当正大的。墨子的"非命论"可以说是积极、进取的人生哲学。

第四章 墨子十论

墨子以为"命"是:"暴王所作,穷人所术(同述),非仁者之言也。"《非命》下篇

墨子说"命"是暴王所创作。因为在春秋战国时代的大变动中,统治阶层为了维持他们过去的身份和特权,非得要有一种理论来保护他们不可,所以创立有命之说。他们说"我有民有命",任谁也改变不了他们为王的命运,他们借命作为恣欲纵乐、肆于民上的正当理由;一旦失败了,便托词说:"我命固将失之",作为掩饰。而人民受其愚弄,相信"君主有君主的命运,臣下有臣下的命运",而甘心受其统治。

不肖之民,有因好逸恶劳、不事生产而陷于冻馁、穷困潦倒的,然而不知悔省,也一味归之于"命"。所以墨子说命是"穷人所述",可见命定之说麻醉愚民之甚。

主张有命的人说:

命富则富,命贫则贫,命众则众,命寡则寡,命治则治,命乱则乱,命寿则寿,命夭则夭,虽强劲何益哉?《非命》上篇

这种命定之说,会使人依赖命运而不努力工作,因而阻碍政治、社会的进步,所以墨子斥为"非仁者之言"。而偏偏这种不仁的"执有命者,以杂于民间者众"《非命》上篇,因而使国家"不得富而得贫,不得众而得寡,不得治而得乱",所以墨子极力反对有命之说。

如果命运固定了人的一切祸福,上帝、鬼神及国家的刑政,都将失去效力,这样一来,人们心中就没有任何能约束、制裁的力量。这时社会上将呈现不义、不忠、不慈、不孝、不良、不悌等种种坏现象,徒使社会紊乱,政治败坏。

命定的弊害如此，所以墨子不得不"非命"。墨子认为事情的成败在人力，而不是天命。然而，有命之说由来已久，且一些学者又引申发挥以为学说，要推翻或批驳都不是一件容易的事。所以墨子特别提出了"三表法"，以本之者、原之者、用之者的论证来否定"命"，而建立"非命"之说。这"三表法"不仅可应用于非命论，也可应用于墨子其他各项学说。

墨子主张兼爱，以人人均平等，所以不承认有天生享有特殊权利的特殊阶级。墨子的非命，在消极方面排斥人们由于信从命定论，而流于怠惰；在积极方面，便是要人不信命而"强力从事"。这个"强"便是"命"的反对，有了这个"强"，就不会听任命运的摆布，有了这个"强"，就会自求多福，努力进取。这个"强"就是"勤"，就是"力"。"强"与"力"在墨子哲学中均极重要。

墨子为改革社会人心、促进社会进步而强非命定之说，为的就是"兴天下之利，除天下之害"。所以天志、明鬼、非命不仅止于宗教功能，发挥到极致，仍归之于实用。

本节主要材料取自《非命》上、中、下三篇。

（一）有命说的害处

当今为政者都希望国家富足，人民增多，政治清明。但结果是，国家不富足，反而贫穷；人民不增多，反而减少；政治不清明，反而混乱。为政者得到的不是他们所希望的，而是他们所厌恶的。这是什么缘故呢？

墨子说：是因为主张有命的人杂在民间太多了。

那些主张有命论的人说：

第四章　墨子十论

命中注定富足就富足，贫穷就贫穷，注定人多就人多，人少就人少，命注定国家治理就治理，注定混乱就混乱，命注定一个人长寿就长寿，短命就短命。命运既定，你再怎样奋斗，也胜不过命运。

有命论者拿这些话去煽惑为政者和百姓们，使他们失去听政和工作的意欲。这些有命论者实在是毒害社会的不仁的人，我们对于他们的主张，不能不加以明确地辨析，从而揭穿它的本质。

（二）确立三表法

要怎样加以辨析，才能揭穿有命说呢？

墨子说：首先，我们须确立一个标准，用它来与他们的说法比照。言论若没有一个标准，就好比将测影器安放在制陶器的转盘上面去度量东西方向、测定早晚的时刻一样，是非利害的分别是无从得知的。所以言论必须有三个标准——就是所谓"三表"。

这"三表法"已于前文（第一章第三节）叙述过，即（1）考察本原；（2）审察事故；（3）应用于实际。任何一种言论，在这三个标准的论证下，都能辨析明白。

（三）向历史求证据

墨子说：当今天下的士君子，有信奉命运论的，他们何不回到古代去看看圣王的事迹呢？

古代，夏桀把国家弄乱，商汤接受过来就治理好；同样的，商纣把国家弄乱,周武王接受过来,秩序就恢复了。时代不曾更易,人民也未曾改变,然而在桀王、纣王的统治下,天下就混乱;在汤王、武王的统治下,天下就治理。这怎么可以说是有命运呢?

但是依然有信奉命运的人,他们应该回到古代,看看先王所留下的书籍。

先王之书中,有国家制定颁布于人民的法令。这些法令中可曾宣扬说:"福禄是不可求的,灾祸是不可避免的,恭敬没有益处,横暴也没有害处。"这样的命运论吗?

先王的书籍中,又有用来断狱定罪的刑法以及整治军队、指挥士卒的誓师之词等,这些刑法、誓词是不是也有同样的有命论的记载呢?没有!

墨子说:我还没有举完例子哩!天下的好书太多了,也无法尽举,但大略区分,不外这三类①。现在命运论者既然在所有先王的书中找不到证据,不是可以放弃他们有命论的主张吗?

(四)义人在上,天下必治

墨子说:现在如果采用有命的说法,那就是覆灭天下之义了;换句话说,覆灭天下之义的,乃是创立有命说的人。有命之说乃是百姓的忧患;喜爱给百姓忧患的,也就是毁灭天下的人。

所以,不能让主张命运论的人处在上位,要由"义人"来统治人民,天下才能安定,上帝山川鬼神才有主祭的人,人民也才能得到无限的利益。何以见得?

---

① 古时候凡是公文及函札都可以称为"书"。在墨子时代,先王所传下来的书,都是公文一类的文章,像《尚书》就是,内容不外包括法典、刑法、诰命及誓师之词等。

第四章 墨子十论

我们且看古代汤王①被封在亳②时，他的领地仅方圆百里，他和他的百姓们兼相爱，交相利，自己的财用若有余，就分给别人；他率领着百姓们去尊敬上天，敬事鬼神，所以，上帝鬼神使他富足，诸侯归附他，人民亲近他，贤人心服他。在他活着的时候，统一天下，成为天下诸侯的领袖。

又，文王③被封在岐周④时，他的领地也仅方圆百里。他与汤王一样实施善政，他的百姓都因为他的政治的优良而安居乐业；远

---

① 汤王，是殷商开国之君。因为夏桀行为苛虐，荒淫无道，所以汤起兵，统领诸侯去攻他，而终于灭了夏朝，统一天下。他有一些事迹留传着，为人所称道。譬如，他向伊尹说："一个人站在水边，可以看到自己的影像；同样，做领导的看到人民的情形，就知道如何去治理。"这样谦恭爱民的话语，深深感动了高龄的隐士伊尹，出来帮助他讨伐桀王。

有一天，汤王走到郊外，看见有人在四面张网捕鸟，而祷告说："天下四方都入我网。"汤王听了以后说："噫！太过分了！那不是想一网打尽吗？"于是要他撤去三面的网，祷告说："想左的就向左飞，想右的就向右飞，不听命令又无主张的，就到我网里来。"诸侯们听到了这事以后，都说："汤的德行太伟大了，连禽兽他都顾及！"于是都来归顺他（这些事载在《史记·殷本纪》中）。

商汤实实在在地考察民情，施行宽政，仁民爱物，确实够得上称为"义人"。

② 亳，是殷商的国都，在今河南商丘。

③ 文王，姓姬名昌，是周代开国之君武王的父亲。他继承祖先的事业，在岐周为雍州州长。人称"西伯昌"。他笃行仁政，尊敬长老，慈爱幼少，礼遇有贤德的人。他为了接持有才德的人，常常到了正午时也无法抽空进餐，那些才士就因为这样大多效命于他。当时的贤者伯夷、叔齐两兄弟因彼此谦让君位而离开孤竹国，他们听说文王善于礼养老者，所以来归依他。许多才士，像太颠、闳夭、散宜生等也都从各国来归附他。

文王暗地里行善事，诸侯有了纷争，都来找他裁判。当时虞、芮两国的人，有了田地的争讼无法解决，就到周来找文王。到了周的国境，只见耕田的人都在田间留下很宽的田塍（分隔田地的界路），互相谦让而不去耕种；人民的习俗，都是礼让长上的。虞、芮两国的人还没见到文王就自觉惭愧了，于是商议道："我们所争的，是周人所耻于取的，还去干吗？不过是自取羞辱罢了。"就转回头，双方都不要那块地方，互相谦让。诸侯听到这件事，就说："西伯应该是受天命，得天下之君王。"这些事也记载在《史记·周本纪》中，引在这里作为墨子说文王为义人的佐证。

④ 岐周，即岐山之地。岐，是周始封之地，所以又称岐周，在陕西岐山县。

· 241 ·

方的人民都钦慕他的德行而归顺他。听到文王名声的人，都离开自己的国家，陆续前往岐周；而疲弱无能，手足不方便的人都希望着：

"文王的领土能够扩展到我们这里来，让我们做文王的老百姓多好！"

这样，天帝鬼神便为他带来丰收，诸侯归顺他，百姓亲附他，贤人投向他。他在世的时候，统一天下，为诸侯的盟长。[1]

汤王和文王都是不相信命运的义人，所以能实施善政，改变天下。我的主张，所根据的就是这种事实。所以我说：义人在上位，天下必治，上帝山川鬼神都必定有主祭的人，万民都能受极大的利益。

（五）淆乱天下的邪说

古代圣王颁宪下令，制定赏罚标准，以勉励贤人，禁止贪暴。所以人们在家能孝顺父母，在外能遵守长幼之序，善待乡里中人，居处守常度，出进有节度，男女有别，不相混乱。让这些人去官府任职，就不会贪污；派他们去守城，也不会背叛；国君若遭患难，他们就效死尽忠；国君若出亡在外，他们就跟随护送。这种人是

---

[1] 此说与史实不符。文王在世时没有统一天下，是他死后不久，他的太子姬发把文王木刻的神主载在车上，放在中军，出兵灭了暴君殷纣后，才统一天下的。文王在世时为西方诸侯之长，所以称"西伯昌"。"文王"的称谓是武王统一天下后所追封的谥号。

在上位的人所奖赏，而为人民所称赞的。

但是，主张有命的人却说：

"上面赏他，那是他命里注定该赏，并不是因为他贤良得赏啊！"

而在家不能孝养父母，在外不能悌长乡里，不守礼仪，居处无常，出入无节，男女无别的那种人，让他们去官府任职就会贪污，守城就会背叛，国君有难就不会尽忠效死，国君出亡也不会跟随护送，那些人是在上位的人所处罚，而为人民所毁骂的。

然而，命运论者却这样说：

"上面罚他，那是他命里注定该罚，并不是因为他贪暴而受罚的。"

人们如果相信这种说法，会变成什么样呢？为人君的就不会讲仁义，为人臣的就不会尽忠节，做父母的就不会慈爱，做儿子的就不会孝顺，兄长不会教导弟弟，弟弟也不会敬重兄长。所以，这些有命论的说法，是邪说的来源，是坏人所持的道理啊！

（六）祸福不是命定

何以知道有命说是坏人所持的道理呢？

古代有一般莠民，贪于饮食，懒于工作，于是衣食财用不足，经常苦于饥寒。他们却不以为那是自己懒惰，不肯认真工作所致。

墨子：救世的苦行者

他们一定要说：

"我们命里注定该贫穷的。"

古代有那种暴君，不能抑制他们的欲望和邪念，不能孝顺他们的双亲，以致国家丧亡。他们也不以为那是因为他们懒惰无能，为政不善。他们必定要说：

"我命中注定该失去天下。"

古代圣王，是不是相信这种命定说？
《仲虺之诰》①之中有这么一段话：

"夏王因骄称天命，施行暴政，上帝震怒，使他失去他的民众。"

这是说汤王以为桀王相信命运论是不对的。
《太誓》②中也有这么一段：

"纣王平时傲慢无礼，不肯去事奉上帝鬼神，遗弃他的祖先神灵，不去祭祀，反说：'我有天命相助，鬼神不足畏惧。'

---

① 《仲虺之诰》：《尚书》篇名。仲虺是商汤的左相。据《书序》说，汤王伐夏桀回来，到了城外，命仲虺作了这篇诰文。
② 《太誓》：又作《泰誓》，也是《尚书》篇名。据说是武王伐纣时，告诫臣民的誓词。

于是，上帝对纣感觉绝望而放弃了他，不再去保佑他。"

这是武王非难纣王时所说的话语，也就是说武王反对纣主张有命的论调。

如今若相信主张有命的说法，在上位的人就不认真去办事，下面的百姓也不认真去工作。在上位的人若不肯认真办事，刑政就错乱；下面的百姓若不肯认真工作，财用就缺乏。于是上无以供献酒饭去祭祀上帝鬼神，下无以厚待天下贤能之士，对外无法款待诸侯的使者，对内也无法供给人民衣食，使他们免于冻馁，更不能保养老弱无依的人民了。所以，命运论上不利于天，中不利于鬼神，下不利于人民。然而，一般人偏要执着于命运的说法，这简直是用邪说来害人！

所以，墨子说：假如为政者由衷希望求得财富而厌恶贫困，希望天下治理而厌恶混乱，则应该排除有命论的主张，因为这是天下的大害啊！

（七）"勤力"的哲学

墨子说：当今天下的君子撰写文章、发表言论，并不是要使他们的喉咙舌头劳苦、使他们的口吻快利，实在是衷心想对他们的国家乡里人民和政治有所贡献。

现在为政者之所以要一早上朝，天晚才退班，勤勉地处理刑狱，治理政事，每天都这样做，不敢怠惰厌倦，这是为的什么呢？他们以为勤勉去办公，国家必定可以治理，若不勤勉，国家必定要混乱；勉力去做事，国家必定可以安宁，若不勉力，国家必定要危险。所以他们不敢怠惰,不敢厌倦。

农夫们之所以要日出而作,日暮而归,耕田种菜,多聚豆粟,而不敢怠倦,为的什么呢?因为他们知道勤勉地耕种,就可以富足;不勤勉地耕种,就要穷困。勤勉地耕种,就可以吃得饱;不勤勉地耕种,就得挨饿。所以他们不敢荒废农事。

妇人之所以早起晚睡,努力纺纱织布,多治麻丝葛绐而不敢怠倦,为的是什么?因为她们知道勤必富,不勤必贫;勤必暖,不勤必寒。所以她们不敢怠倦。

现在,假如大家都相信有命,那么,为政的官长必定懒于处理刑狱、治理政事,天下就会乱了。农夫懒于耕田种菜,妇人懒于纺纱织布,天下衣食的财用就要缺乏了。照这样治理天下,将不利于事奉天帝鬼神,也不利于保养百姓;百姓势必会背叛离散,不能忠于王上。结果,在国内防守不能坚固,出外诛讨敌人也不能胜利。从前三代暴君桀、纣、幽、厉,之所以会丧失国家,灭亡社稷,都是因为这个缘故。

所以墨子说:当今天下的士君子,心中果然想兴起天下的利益,除去天下的患害,那么对于主张有命的说法,是不可以不极力加以反对的。因为命运之说,乃是一般暴戾的君王所创造,是一般坏人所传说,是一般懒人所依赖的,并不是仁义之人所说的话。现在要行仁义,就不可不细察而力加反对!

第十一节　结语

我们已经介绍过了墨子的十论，现在让我们来检讨一下这十种主张的利弊。

墨子十论，每条都是针对当时政治社会的积弊而提出来的改革方案，所以讲求"实用"与"实利"。他因急于救世，想在最短的时间内收到最大的改革功效，所以特别注重进行的方法及效果。他不唱高调、不尚空谈，理想也不放得太高，处处实事求是，以合乎"国家百姓之利"为前提，他的学说强调的就是"公利"二字。墨子的哲学，可称为"实用之学"。

"兼爱"是墨子学说的根本思想，他视人类为一体，且人人平等，他要人人"兼相爱，交相利"，他要求人们不要分亲疏，不要别贵贱，不要有差等，有的只是贤、愚、勤、惰的分别。墨子本着"兼爱"的精神，应用于人生行为的各方面，于军事、社会、政治、经济、宗教诸端形成一套完密的实用之学。

"兼爱主义"直接发挥于军事行动的便是"非攻"，推行于政治行为的便是"尚贤""尚同"，实践于社会经济的便是"节用""节葬""非乐"，发扬于宗教的，则为"天志""明鬼""非命"。他的学说处处着眼于"功利"，摒弃一切浪费时间、金钱、感情、精神、生命的事物，他的目的在"求兴天下之利，除天下之害"，想求取天下人共同的利益，谋得天下最大多数人的最大幸福。

讨论墨子的学说，绝不可脱离他的时代背景。在那政治、经济、社会、伦理各方面都起大变动的春秋战国之际，有些改革是刻不容缓的，而墨子由于急于建功，有些主张不免有操之过急，或流于矫枉过正的弊病。譬如他眼看当时特权阶级生活奢侈浪费，剥削人民衣食财用之需，又繁饰礼乐，厚葬久丧，浪费人力物力，影响社会政治的安宁，因此提出了"节用""节葬""非乐"的主张，他高声疾呼，呼吁人们节俭。他呼吁人们将多余的力量拿出来帮助别人，多余的钱财拿出来分给别人，有好的学问拿出来教诲别人。他说衣服只求穿得暖，食物只求吃得饱，住屋只求坚固实用，可避风雨，可别男女；舟车只求坚固耐用，可载重致远即可，超出这标准的便是浪费。如果不明了墨子所处的是"富贵者奢侈，孤寡者冻馁"的贫富极不均的社会，便不知道墨子的苦心；墨子不是要人们过低水平、低文明的生活，而是要解决当时人民的最低的"生活"。他又常以"有余于地而不足于民"为虑，所以鼓吹增殖人口，提倡早婚、反对战争、禁止蓄私，都在为增加人口打算。这种措施，在自然资源和人口增长构成矛盾的今天来看，是不合乎国情和国策的，但在两千多年前的农业社会里，是迫切需要的，因为人力是当时生产的动源，尤其在地大人少，又连年战争，摧残生命的时代里，墨子的呼吁，有他不可抹杀的价值。

在"节用主义"中，墨子特别强调"节葬"和"非乐"，是因为这两项问题在当时社会影响最大，也最为严重。厚葬久丧，浪费人力物力，荒废工作，妨害健康，而且又不人道；音乐、艺术使人沉迷，使人怠倦工作、浪费时间精力，所以墨子认为既无用又无利，因而摈绝它。其实，墨子主张"节用""节葬""非乐"，本为针对某些人的浪费、虚靡之风而发的，他不忍见民生财用被剥

第四章　墨子十论

夺而多数人受冻挨饿，用意是好的，但改革得太快太彻底，不容易被人接受；而且又过分抹杀文明的价值，所以不免矫枉过正。庄子批评他："其生也勤，其死也薄，其道太觳。"（《庄子·天下》篇）便是说他，要人在生时勤苦工作，一切为增加生产，富庶国家而努力，工作之余毫无调剂，毫无享受；死后又节葬短丧，不能哀荣，这样的人生不是太刻苦，太枯燥、太乏味了吗？其实墨子并不是不知道"文明"的好处，而是当时在贵族、平民生活程度悬殊的状况下，还谈不上大家"能生活"，又怎能谈进一步的文明的享受呢？墨子认为必须世上人人都能勤苦工作，节省用度，使人人都能吃饱穿暖，然后才能提升生活的享受。墨子因欲唤醒人们对"节俭"的注意，所以用词不免过于偏激，方法不免过于刻苦，如果能稍微缓和一些，他的学说是可遵循的。荀子讥讽他"蔽于用而不知文"，是不公允的。

墨子说天志，明鬼神，虽然也有人批评他开倒车，且以三表法中的"原察百姓耳目之情"来证明鬼神的存在，未免流于粗俗、浅陋；但是我们要知道，墨子是为了心切救世，他宣扬学说对象又是大众，所以这浅显的证验法，加上原来深植民心的对鬼神的信仰，两相配合，也很能发生效用。何况他夸张鬼神，不外就是要表明鬼神赏善罚暴的能力，以此作为人们行为的警戒。他的"天志说"，本意为推行"兼爱""尚同"两主义而立。人的一切行为，一切善恶是非都以天志为准，则彼此相爱相利，不会尔虞我诈、你争我夺，这世界可不就是安和幸福的乐土吗？他强调天有赏善罚暴的威能，其立意也是借天志来作为改革政治社会伦理的方法。他的"非命说"，反对"命定论"，他提出勤力奋斗的人生哲学，也是积极进取的人生观，用之于现代，仍然是可行，而且很合乎现代精神的。

至于打破阶级，任贤事能的"尚贤主义"，倒是整顿当时变革的封建社会、改善当时腐败的贵族政治的不二法门，再辅以"上同下不比"的"尚同主义"，确可形成一套理想的政治体系，也是可推行而见实效的。

孟子站在反对墨子的立场，毁骂墨子"兼爱无父，是禽兽也"（《孟子·滕文公》下篇），应该是意气之言。墨子的兼爱，虽然要人人"相爱相利"，互助合作，不要人们"相恶相贼"，钩心斗角，要人们"爱人若其身""视人之身若其身""视人之家若其家""亲人之国若其国"，这哪里是泯灭伦理，不要父母双亲呢？墨子不是在《兼爱》篇中特别为孝子设想，说明爱是相互的，孝子若要别人爱自己的父亲，当然也要爱别人的父亲；墨子也很明白地讲到，实行兼爱，可达君惠、臣忠、父慈、子孝、兄友、弟悌的伦理的和谐的境地，他也以这伦常的和谐为追求世界和平的途径。兼爱的最终目标在于："有力者疾以助人，有财者勉以分人，有道者劝以教人"（《尚贤》下篇），"是以老而无妻子者有所恃养，以终其寿，幼弱孤童之无父、母者，有所放依以长其身。"（《兼爱》下篇）这不就是儒家的经典《礼记》中的《礼运》篇所说的"大同世界"吗？所以儒家的"仁爱"和墨子的"兼爱"发挥到终极，他们的理想世界是相同的，他们的学说可以说是殊途而同归。